Everyday English Grammar

〈Fourth Edition〉

大学生のためのコミュニケーション英文法〈改訂4版〉

Koji Mizushima
Duncan Butland
Roger Pattimore

NAN'UN-DO

Download Audio

音声ファイル
無料 DL
のご案内

このテキストの音声を無料で視聴（ストリーミング）・ダウンロードできます。自習用音声としてご活用ください。
以下のサイトにアクセスしてテキスト番号で検索してください。

https://nanun-do.com　テキスト番号［ **512201** ］

※ 無線 LAN（WiFi）に接続してのご利用を推奨いたします。

※ 音声ダウンロードは Zip ファイルでの提供になります。
お使いの機器によっては別途ソフトウェア（アプリケーション）の導入が必要となります。

Read by

Dominic Allen
Karen Haedrich
Shizuka Anderson

※ Everyday English Grammar <Fourth Edition>
音声ダウンロードページは以下の QR コードからもご利用になれます。

Everyday English Grammar <Fourth Edition>
大学生のためのコミュニケーション英文法〈改訂4版〉

はじめに

　このテキストは主として，高校までの英語学習を終えたけれども，英語の基礎力が十分に身についていない」「英語にあまり自信がない」と思っている大学生のために書かれたものです。いわゆる英語再入門テキストですが，中学生・高校生向けの英文を繰り返すのではなく，日本の大学生にとって身近で，現実味のある例文や会話例を数多く載せるように心がけました。また，テキストの前半では文法項目の配列を緩やかなものとし，テキストの後半になっても１つのユニットに多くの文法項目を詰め込み過ぎないように配慮しました。さらに，文法の解説をできるだけ平易な言葉を用いて行いました。これらの工夫により，大学生が日常のコミュニケーションに役立つ英語を無理なく楽しく学びながら，英文法・語法の基礎知識を確実に身につけることができればと願っています。

本書の特徴

- 大学生に必要な基礎英語（基礎レベルの英文法・語法・語彙）を段階的に分かりやすく，かつ音声を通して学ぶことができる。
- 英文法を学ぶだけでなく，それが日本人大学生の日常のコミュニケーションでどのように使われるのかを，豊富な例文と会話例を通して学ぶことができる。

本書の構成

　このテキストは全部で 25 のユニットと，音声ファイルで構成されています。各ユニットは大きく次の３つのセクションに分かれます。

- **Expressions**　各ユニットで身につけてほしい文法・語法を踏まえた英文と会話例です。
- **解説**　各ユニットで身につけてほしい文法・語法を簡潔に説明しています。
- **練習問題**　各ユニットとも基本問題と発展問題の各１ページから成り，発展問題の一番最後にはリスニング問題があります。リスニング問題に登場する中心人物は，太一，秀樹，真由美，奈々の日本人大学生４人です。

改訂４版の特徴

　本書は 2005 年に初版が，2011 年に改訂新版が，2018 年に改訂３版が発行されて以来，これまでに８万人以上の大学生に使用されてきました。今回の改訂では，主に次のような改善・充実を図りました。

⑴ 用例の改善　学生からの本書に対する意見なども参考にしながら，大学生の学校生活・日常生活を語る際に役立つ例文・会話例を増加。

⑵ 語彙の改善　最近の社会情勢や時代の変化を反映した artificial intelligence（人工知能），vaccine（ワクチン），electric car（電気自動車），food waste（フードロス），SDGs（持続可能な開発目標）などの語彙を採用。

⑶ 大コラムの強化・新設　「英語で接客しよう！」を倍増（pp.34-35）。また「英語で聞いてみよう！」などのコラムを新設。来日する外国人観光客の増加，およびコロナが少し落ち着いて海外に出かける日本人が増えていることに対応。

⑷「思考」「会話」等への発展　解答時に「調べ考えること」，答えの確認後に「会話練習」や「ディスカッション」につながるような問題を練習問題の一部で採用。

　このテキストを積極的に活用することにより，皆さんの英文法・語法の基礎知識が定着し，英語でのコミュニケーションが楽しくなることを願っています。

　最後になりましたが，南雲堂の加藤敦編集長には，改訂３版に引き続き今回も大変お世話になりました。心から御礼を申し上げます。

2023 年夏　著者

英文法の基礎知識

1. 文の種類

文を意味・内容から分類すると，平叙文・疑問文・命令文・感嘆文の４つになる。さらに，感嘆文を除く平叙文・疑問文・命令文には肯定文と否定文がある。

2. 品詞

文を構成するいちばん小さい単位は語であるが，英文中の各語はその意味と用法によって８種類に分けることができる。この種類を「品詞」という。

品詞	意味・用法	具体例	本書中のユニット
名詞	人や物などの名前を表す語。	• Yumi, Tom, book, student, peace, water, Japan など。 **Yumi** is a good **student**.	13
代名詞	名詞の代わりに，人や物などを指すのに用いられる語。	• I, we, you, she, he, it, they, this, that, these, those など。 **I** like **this** better than **that**.	14
形容詞	人や物などの形・性質・状態・数量などを表す語。	• tall, big, beautiful, happy, some, many など。 She has **beautiful black** hair.	16
副詞	動詞・形容詞・他の副詞などを修飾する語。	• always, quickly, sometimes, there, yesterday, very など。 I got up **very early yesterday**.	17
動詞	人や物などの状態や動作を表す語。	be (am, is, are, was, were), have, like, see, play, go, study など。	1, 2, 3, 4, 5
前置詞	名詞や代名詞の前に置かれ，場所・時などを表す語。	at, in, on, for, from, during など。	15
接続詞	語と語，句と句，節と節を結びつける語。	and, but, or, because, when, if, that など。	20
間投詞	喜び，驚き，悲しみなどの感情を表す語。	Oh!（おお），Ah!（ああ），Ouch!（痛い）など。	—

※助動詞は動詞，冠詞は形容詞の一種なので，合計８品詞となる。

3. 人称

「私」（１人称），「あなた」（２人称），「それ以外の人・物」（３人称）の区別を表し，それぞれ単数・複数がある。➡ p.5 の「**6. 人称代名詞**」の表を参照。

4. ３単現の -s

一般動詞の現在形は，主語が３人称・単数の時，動詞の語尾に -s（または -es）をつける。これを「３単現の -s」と呼ぶことがある。

Miki know**s** my address.　Miki go**es** to college.

３単現の -s

英文法の基礎知識

5. 句と節

＜主語＋動詞＞を含まずに，あるまとまった意味と働きを持っている２語以上の語群を「句」という。これに対して，＜主語＋動詞＞を含むものを「節」という。

6. 人称代名詞

人や物を指す代名詞を「人称代名詞」といい，１人称，２人称，３人称に分かれ，数や格によって次の表のように変化する。また，３人称には性による区別がある。

単複	人称		主格 ～は（が）	所有格 ～の	目的格 ～を（に）	所有代名詞 ～のもの	再帰代名詞 ～自身
単数	１人称		I	my	me	mine	myself
	２人称		you	your	you	yours	yourself
	３人称	男性	he	his	him	his	himself
		女性	she	her	her	hers	herself
		中性	it	its	it	—	itself
複数	１人称		we	our	us	ours	ourselves
	２人称		you	your	you	yours	yourselves
	３人称		they	their	them	theirs	themselves

7. 疑問代名詞

文頭にきて疑問を表す代名詞を「疑問代名詞」という。who, what, which の３つがある。それぞれ格によって，次のように変化する。

主格	所有格	目的格
who（だれが）	whose（だれの）	whom（だれを［に］）
what（何が）	—	what（何を［に］）
which（どちらが）	—	which（どちらを［に］）

8. 不定代名詞

漠然と不特定の人・物・数量を表す代名詞を「不定代名詞」という。

不定代名詞	意味・用法
one	前に出てきた名詞を繰り返す代わりに用いられる。＜a ＋単数名詞＞の代わり。 複数の名詞を受ける時は，ones と複数形になる。
another	「もう１つのもの［人］」「別のもの［人］」という意味。
other	「（２つのうちの）もう一方のもの［人］」という意味。
some	「いくつかの」「いく人かの」の意味。普通は肯定文で使う。＜some of ＋複数名詞＞は複数扱い。＜some of ＋数えられない名詞＞は単数扱い。
any	「いくつかの」「いく人かの」の意味。普通は否定文・疑問文で使う。
all	「全部」「すべて」「みんな」の意味。＜all of ＋複数名詞＞は複数扱い。 ＜all of ＋数えられない名詞＞は単数扱い。
each	「それぞれ」「めいめい」の意味。each はいつも単数扱い。

※上記以外に，both, either, neither, someone, anyone, everyone, something, anything, nothing などがある。

目　次

Unit 1　be動詞（現在形）

02

Expressions

私は大学生です。	I **am** a university student.
彼女は短大生です。	She **is** a junior college student.
彼らは大阪出身です。	They **are** from Osaka.
私たちは図書館にいます。	We **are** in the library.
これは私の新しいスマホです。	This **is** my new smartphone.
これは私のおごりです。	This **is** on me.
日本は島国です。	Japan **is** an island country.
私の専攻は経済学です。	My major **is** economics.
私は大学１年生です。	I **am** in my first year at university.
東京ディズニーランドは千葉県にあります。	Tokyo Disneyland **is** in Chiba Prefecture.
私は高校生ではない。	I **am not** a high school student.
相撲は私の一番好きなスポーツではない。	Sumo **is not** my favorite sport.
彼らは北海道出身ではありません。	They **are not** from Hokkaido.
準備はいいですか。	**Are** you ready?
彼らはあなたの友人ですか。	**Are** they your friends?
健は学食にいますか。	**Is** Ken in the school cafeteria?
「アルバイト」は英語で何と言いますか。	What **is** the English for “arubaito”?
A: あなたはここの学生ですか。	**Are** you a student here?
B1: はい，そうです。私は１年生です。	Yes, I **am**. I’**m** a freshman.
B2: いいえ，違います。私は教員です。	No, I’**m not**. I’**m** a teacher.
A: あなたのメールアドレスは何ですか。	What **is** your email address?
B: aiko@abc.ne.jp です。	It’**s** aiko@abc.ne.jp.
A: 彼女の名字は何ですか。	What **is** her family name?
B: 鈴木です。	It’**s** Suzuki.
A: スミス教授はどこにいらっしゃいますか。	Where **is** Professor Smith?
B:（彼は／彼女は）研究室にいらっしゃいます。	He’**s** in his office. / She’**s** in her office.
ことわざ　あしたは別の日。（あしたはあしたの風が吹く）	Tomorrow **is** another day.

03

Vocabulary

university（総合）大学　junior college 短期大学　library 図書館　smartphone スマートフォン，スマホ　on ~（飲食費などが）~のおごりで　island country 島国　major 専攻　economics 経済学　prefecture（日本・フランスなどの行政区である）県，都道府県　favorite 一番好きな，大好きな（◆most favorite とはしない）　ready 準備ができた　school cafeteria 学食　freshman（４年制大学の）1年生（◆「２年生」は sophomore,「３年生」は junior,「４年生」は senior）　family name 姓，名字（◆last name ともいう。姓に対する「名」は first name）　professor（大学の）教授　office（大学教員の）研究室

解　説

1. be 動詞（現在形）の種類と使い分け

be 動詞の現在形には am, are, is の３種類あり，主語に応じて使い分ける。

be 動詞の現在形（主語が単数の時）	
I（私は）	am
You（あなたは）	are
He（彼は）	is
She（彼女は）	
It（それは）	
This（これは）	
Japan（日本は）	
My name（私の名前は）	

be 動詞の現在形（主語が複数の時）	
We（私たちは）	are
You（あなたたちは）	
They（彼らは，それらは）	
These（これらは）	
Those（あれらは）	
You and I（あなたと私は）	
Japan and China（日本と中国は）	
My friends（私の友人たちは）	

2. be 動詞（現在形）の２つの意味

⑴「（…は）～です」

He **is** a student. （彼は学生です）

⑵「～にいる，～にある」

She **is** in the library. （彼女は図書館にいます）

3. be 動詞（現在形）の肯定文の作り方

肯定文は，＜主語 ＋ be 動詞（am, are, is）＋ ～. ＞の語順。

4. be 動詞（現在形）の否定文の作り方

否定文は，＜主語 ＋ be 動詞（am, are, is）＋ not ～. ＞の語順。
話し言葉では，is not は isn't，are not は aren't のように，短縮形でよく用いられる。
am not の短縮形はなく，I'm not ～. となる。

肯定文	He **is** a student.	They **are** students.	I **am** a student.
否定文	He **is not** a student.	They **are not** students.	I **am not** a student.
否定文（短縮形）	He **isn't** a student.	They **aren't** students.	I**'m not** a student.

5. be 動詞（現在形）の疑問文の作り方

＜be 動詞（Am, Are, Is）＋ 主語 ～ ? ＞の語順。

6. 疑問詞で始まる be 動詞（現在形）の疑問文の作り方

＜What [Where, Who, When, How など] ＋ be 動詞（am, are, is）＋ 主語 ～ ? ＞の語順。

基本問題

1 次の各文の（　　）内から適語を選び，文を完成させなさい。

1）Jun and I (am, are, is) good friends.

2）I (am, are, is) not tired.

3）We (am, are, is) in the classroom now.

4）What (am, are, is) your first name?

5）What (am, are, is) your hobbies?

2 次の各文を指示に従って書きかえなさい。

1）I am hungry.（否定文に）

2）This book is interesting.（疑問文に）

3）Her major is agriculture.（下線部をたずねる疑問文に）

4）His birthday is December 22.（下線部をたずねる疑問文に）

5）Their university is in Kyoto Prefecture.（下線部をたずねる疑問文に）

3（　　）に適語を入れ，会話を完成させなさい。

1）Foreign Visitor: Are you a student?

Young Person: Yes, (　　　　　) (　　　　　). I go to college in Fukuoka.

2）Teacher: Is your major engineering?

Student: (　　　　　), it (　　　　　). My major is business.

3）Coworker 1: Are you busy now?

Coworker 2: No, I'm (　　　　　). Why?

4）Friend 1: What is Taro's part-time job?

Friend 2: He (　　　　　) a waiter. He works in a sushi restaurant.

5）Student 1: Where is Akiko from?

Student 2: She (　　　　　) (　　　　　) Sendai. I'm from Sendai, too.

発展問題

1 次の語句を並べかえて，日本文に合う英文を作りなさい。

1) A: 田中教授の研究室はどこ？
[is / Professor / office / where / Tanaka's]?

B: あの建物の３階だよ。
[on / that building / it / the third floor / of / is].

2) あちらにいる男性は私たちの大学の学長先生です。
[the president / is / the man / our university / of / over there].

3) 人生の意味とは何だろうか？
[life / the meaning / what / of / is]?

2 次の日本文を英語で表現しなさい。

1) 神戸とシアトルは姉妹都市です。

2) あなたの一番好きな食べ物は何ですか。　＊favorite を使って。

3) 日本の総理大臣はだれですか。

3 太一さんが自分と友人について話しています。音声を聞いて，次の質問に対する答えを英語で書きなさい。

04

1) What year of university is Taichi in?

2) What is Taichi's major?

3) What subject is difficult for Taichi and his friends?

Unit 2　一般動詞（現在形）

Expressions

05

私は音楽が好きです。	I **like** music.
私はアイスクリームが大好きです。	I **love** ice cream.
私は大学生活が楽しい。	I **enjoy** university life.
私は毎日インターネットを使っている。	I **use** the Internet every day.
私はテニスとエアロビクスをします。	I **play** tennis and I **do** aerobics.
私はアパート［マンション］に住んでいる。	I **live** in an apartment.
彼女は寮に住んでいる。	She **lives** in a dormitory.
彼はコンビニを経営している。	He **runs** a convenience store.
私たちは同じ大学に通っている。	We **go** to the same university.
彼らは学食で昼食をとる。	They **have** lunch in the school cafeteria.
日本には四季がある。	Japan **has** four seasons.
日本では学校は４月に始まる。	School **begins** in April in Japan.
図書館は午後７時に閉まる。	The library **closes** at 7 p.m.
私は車を持っていない。	I **don't have** a car.
彼はクレジットカードを持っていない。	He **doesn't have** a credit card.
あなたは朝シャワーを浴びますか。	**Do** you **take** a shower in the morning?
彼女は大学まで電車で行きますか。	**Does** she **take** the train to university?
この単語はどういう意味ですか。	**What does** this word **mean?**
「AI」は何の略語ですか。	**What does** "AI" **stand** for?
この単語はどう発音しますか。	**How do** you **pronounce** this word?
「ホチキス」は英語で何と言いますか。	**How do** you **say** "hochikisu" in English?
A: アルバイトはしていますか。	**Do** you **have** a part-time job?
B: はい。スーパーで働いています。	Yes, I **do**. I **work** at a supermarket.
A: 時給はいくらですか。	**How much do** you **make** an hour?
B: 1,200円です。	I **make** 1,200 yen.
ことわざ　金は木にならない。（金を稼ぐのは容易ではない，の意味）	Money **doesn't grow** on trees.

Vocabulary

06

love ~　~が大好きだ　enjoy ~　~を楽しむ，~が楽しい　the Internet　インターネット（世界規模のコンピューターネットワーク）　aerobics　エアロビクス　apartment　アパート，賃貸マンション　dormitory　寮　run〈店などを〉経営する　convenience store　コンビニエンスストア　season　季節　credit card　クレジットカード　take a shower　シャワーを浴びる　take the train to ~　電車に乗って~へ行く　mean ~　~を意味する　stand for ~　~の略語である，~を表す　pronounce ~　~を発音する　part-time job　アルバイト，パートの仕事　supermarket　スーパーマーケット　make〈金などを〉得る，稼ぐ　an hour　1時間につき（◆an は「~につき」という意味）　grow〈植物などが〉生える，育つ

解 説

1. 一般動詞とは

be 動詞（am, are, is）以外の動詞を一般動詞という。read（読む），like（好きだ），go（行く）などである。

I **read** the newspaper every day. （私は毎日，新聞を読む）

2. 一般動詞の２つの形

(1) 一般動詞の現在形は主語が３人称・単数の時，動詞のもとの形（原形）の語尾に -s または -es を付ける。reads, likes, goes などである。

He **reads** the newspaper every day. （彼は毎日，新聞を読む）
He **goes** to school every day. （彼は毎日，学校に通う）

(2) have だけは，主語が３人称・単数で，現在の文の時は has を使う。

My father **has** breakfast at seven. （父は７時に朝食をとる）
I **have** breakfast at eight. （私は８時に朝食をとる）

3. 一般動詞（現在形）の否定文の作り方

主語が３人称・単数の時は，do を does にする。do not の短縮形は don't，does not の短縮形は doesn't となり，話し言葉でよく用いられる。

否定文＝＜主語 ＋ do [does] not ＋ 動詞の原形 〜.＞
I **do not [don't] like** sports. （私はスポーツは好きではない）
She **does not [doesn't] like** sports. （彼女はスポーツは好きではない）

4. 一般動詞（現在形）の疑問文の作り方

主語が３人称・単数の時は，do を does にする。

疑問文＝＜Do [Does] ＋ 主語 ＋ 動詞の原形 〜?＞
Do you **like** sports? ／ **Does** she **like** sports? （スポーツは好きですか）
答え方＝はい　Yes, 主語 ＋ do [does]. ／ いいえ　No, 主語 ＋ don't [doesn't].
Yes, I **do**. ／ No, I **don't**.　　Yes, she **does**. ／ No, she **doesn't**.

5. 疑問詞で始まる一般動詞（現在形）の疑問文の作り方

疑問文＝＜What [Where, How など] ＋ do [does] ＋ 主語 ＋ 動詞の原形 〜?＞
Where do you **live**? （あなたはどこに住んでいますか）

正しい英語で表現しよう！

「〈スポーツを〉する，やる」を意味する英単語として，たいてい最初に play を習います。しかし，スポーツの中には play ではなく，do や go を使って表現するものもあります。例えば，「エアロビクスをする」は play aerobics ではなく，do aerobics と言います。詳しくは，p.17 のコラムを参照。

1 次の各文の（　　）内から適語を選び，文を完成させなさい。

1）She (get, gets, getting) up early.

2）I (know, knows, am knowing) Ichiro.

3）Many foreigners (visit, visits, visiting) Kyoto and Nara.

4）How (are, do, does) you spell your family name?

5）Where (are, do, does) Yumi's parents live?

2 次の各文を指示に従って書きかえなさい。

1）I like rock music.（否定文に）

____

2）She lives with her family.（否定文に）

____

3）He smokes.（疑問文に）

____

4）They play soccer every weekend.（下線部をたずねる疑問文に）

____

5）Matsuri often eats spaghetti.（下線部をたずねる疑問文に）

____

3（　　）に適語を入れ，会話を完成させなさい。

1）Student: What time does the library open?

Librarian: (　　　　　) (　　　　　) at nine.

2）Student 1: Does Taichi speak Chinese?

Student 2: No, (　　　　　) (　　　　　), but he speaks some Korean.

3）Student 1: Do you like movies?

Student 2: Yes, (　　　　　) (　　　　　). I love action movies.

4）New Student 1: Do you live near school?

New Students 2 and 3: Yes, (　　　　　) (　　　　　). We always walk to school.

5）Student: Does Professor Brown come to school on Monday?

Professor Smith: No, (　　　　　) (　　　　　). She teaches at another university.

発展問題

1 次の各組の文がほぼ同じ内容を表すように，（　　）に適語を入れなさい。

1）I'm a college student.

I (　　　　　　) to college.

2）What is your job?

What (　　　　　　) (　　　　　　) do?

3）I'm a restaurant cook.

I (　　　　　　) in a restaurant.

4）She is a mobile phone salesperson.

She (　　　　　　) mobile phones.

5）What is the meaning of your first name?

What (　　　　　　) your first name (　　　　　　)?

2 次の日本文を英語で表現しなさい。

1）彼は家にコンピューターを２台持っている。

____

2）日曜日にはふだん何をしていますか。

____

3）私たちはどうして外国語を学ぶのだろうか。　＊外国語＝foreign languages

____

3 真由美さんが典型的な午前中の過ごし方を話しています。音声を聞いて，次の質問に対する答えを英語で書きなさい。

07

1）What time does Mayumi usually get up?

____

2）How does Mayumi get to the train station?

____

3）Where does Mayumi have lunch?

____

“run” は「走る」じゃなくて「経営する」？

ほとんどの英単語には，2つ以上の意味があります。「1つの単語には1つの意味しかない」と考えるのは止めましょう。動詞の run の意味も「走る」だけではありません。次の2つの文を見てください。

a. I run fast.
（私は足が速い⬅私は速く走る）

b. I run a convenience store.
（私はコンビニを経営している）

a. の文の run は「走る」で，b. の文の run は「〈店・会社などを〉経営する」という意味です。run には「走る」だけでなく，「走らせる」という意味もあります。そこから，「〈店・会社などを〉走らせる」，つまり「経営する」という意味が派生したのです。

run には，a., b. 以外の意味もたくさんあります。例えば，『アルファフェイバリット英和辞典』（第2版，東京書籍）は，自動詞として 10 の語義を，他動詞として 12 の語義を載せています。そのうち，代表的な語義を次のように一覧で示しています。

run

動 自 ① 走る
② 急ぐ；逃げる
③〈機械などが〉動く
④〈川・液体などが〉流れる
⑤〈道路などが〉延びている

他 ①〈ある距離を〉走る
②〈人・動物などを〉走らせる
③〈店などを〉経営する
④〈機械などを〉動かす

上の囲みの中にある 動 は「動詞」，自 は「自動詞」，他 は「他動詞」を表します。

b. の文の run のように，「～を」にあたる目的語を必要とする動詞を「他動詞」と呼びます。一方，a. の文の run のように，目的語を必要としない動詞を「自動詞」と呼びます。

次に，run を使った別の文を2つ見てみましょう。それぞれ，上の囲みの中に示してある合計9つの語義のどれに当たるでしょうか。

c. This car runs on electricity.　（この車は電気で動く）
d. I don’t know how to run this machine.　（この機械の操作方法が分からない）

c. の文の run は，自動詞の③に当たります。また，d. の文の run は，他動詞の④に当たります。d. の文では，this machine が動詞 run の目的語です。how to run this machine は「どのようにこの機械を動かすか＝この機械の操作方法」という意味です。d. の文全体では，I don’t know の know が文の中心となる動詞で，know の目的語が how to run this machine です。

「柔道をする」は“play judo”でいいの？

「〈スポーツを〉する，やる」という時に，play という動詞を使うのはよく知っているでしょう。しかし，スポーツ名と結びつく動詞は play だけではありません。以下の表から分かる通り，柔道には play ではなく do を使います。

動詞	play（＋スポーツ名）	do（＋スポーツ名）	go（＋スポーツ名）
スポーツの具体例	tennis soccer baseball volleyball table tennis badminton ice hockey	judo kendo aikido karate taekwondo yoga aerobics	running jogging swimming skiing snowboarding bowling curling
スポーツ名の語尾の特徴	-ing でない。	-ing でない。	-ing である。（語尾の -ing をとった形は動詞であり，「特定のスポーツをする」という意味）
スポーツで使う道具の特徴	ボールやボールに似た形の道具を使う	ボールやボールに似た形の道具は使わない。	ボールやボールに似た形の道具を使うスポーツと，それらを使わないスポーツがある。

● 例文 I **play** baseball every weekend.（私は毎週末，野球をする）
I **do** aerobics once a week.（私は週1回，エアロビクスをする）
I **go** jogging three times a week.（私は週３回，ジョギングをする）

● go と結びつくスポーツは，語尾の -ing をとった動詞（run, jog, ski, snowboard, curl など）で表現することもあります。

例文 I **jog** every morning.（私は毎朝ジョギングをする）
I **snowboard** every winter.（私は毎年冬にスノーボードをする）
We **curled** in high school.（私たちは高校時代にカーリングをした）
A: Do you **swim** in the summer?（夏には泳ぎますか）
B: No. I don't like swimming.（いいえ。私は水泳は嫌いです）

注意 上の表は，スポーツ名と結びつく代表的な動詞の1つの分類法を示したものであり，これですべてを説明することはできません。

Unit 3　be動詞（過去形）

08

Expressions

私は去年，高校生だった。	I **was** a high school student last year.
私は先週，欠席でした。	I **was** absent last week.
彼は昨日，病気だった。	He **was** sick yesterday.
私たちはとても疲れていた。	We **were** very tired.
彼らは授業に遅刻した。	They **were** late for class.
そのテストはやさしかった。	The test **was** easy.
「会計学入門」は私には難しかった。	“Introduction to Accounting” **was** difficult for me.
今日の講義はおもしろかった。	Today’s lecture **was** interesting.
その映画はわくわくした。	The movie **was** exciting.
私はその映画に興奮した。	I **was** excited by the movie.
選手たちは緊張していた。	The players **were** nervous.
彼の服はよごれていた。	His clothes **were** dirty.
そのテーマパークは訪問者でいっぱいだった。	The theme park **was** full of visitors.
私は昨夜，家にいなかった。	I **wasn’t** at home last night.
彼女は今朝，学校にいなかった。	She **wasn’t** at school this morning.
生徒たちは授業中，静かではなかった。	The students **weren’t** quiet in class.
週末はいかがでしたか。	How **was** your weekend?
A：昨日は忙しかったですか。	**Were** you busy yesterday?
B1：はい，忙しかったです。	Yes, I **was**.
B2：いいえ，忙しくなかったです。	No, I **wasn’t**.
A：電車は混んでいましたか。	**Was** the train crowded?
B1：はい，混んでいました。	Yes, it **was**.
B2：いいえ，混んでいませんでした。	No, it **wasn’t**.
A：彼の両親は先週どこにいたのですか。	Where **were** his parents last week?
B：金沢にいました。	They **were** in Kanazawa.
A：高校で一番好きな科目は何でしたか。	What **was** your favorite subject in high school?
B：私の一番好きな科目は日本語でした。	My favorite subject **was** Japanese.

09

Vocabulary

absent 欠席して　sick 病気の　tired 疲れて　late 遅れた，遅刻した　introduction 入門，概論　accounting 会計学　lecture 講義　interesting 興味深い，おもしろい　nervous 緊張した　clothes 衣服（◆発音注意）　dirty よごれた，汚い　theme park テーマパーク（◆発音注意）　be full of ~ ～でいっぱいである　visitor 訪問者，訪問客　this morning 今朝（◆in this morning とはしない→ p.71, 3 注意 を参照）　in class 授業中に　crowded 込み合った，混雑した　subject 科目，教科

解　説

1. be動詞（過去形）の種類と使い分け

be動詞の過去形は2つある。am, isの過去形はwasであり，areの過去形はwereである。

be動詞の過去形（主語が単数の時）	
I（私は）	was
You（あなたは）	were
He（彼は）	was
She（彼女は）	
It（それは）	
This（これは）	
Tom（トムは）	
The train（電車は）	

be動詞の過去形（主語が複数の時）	
We（私たちは）	were
You（あなたたちは）	
They（彼らは，それらは）	
These（これらは）	
Those（あれらは）	
You and I（あなたと私は）	
Japan and China（日本と中国は）	
My friends（私の友人たちは）	

2. be動詞（過去形）の肯定文の作り方

＜主語＋be動詞（was, were）＋～.＞の語順。

3. be動詞（過去形）の否定文の作り方

否定文は，＜主語＋be動詞（was, were）＋not～.＞の語順。

話し言葉では，was notはwasn't，were notはweren'tのように，短縮形でよく用いられる。

4. be動詞（過去形）の疑問文の作り方

＜be動詞（Was, Were）＋主語～?＞の語順。

5. 疑問文で始まるbe動詞（過去形）の疑問文の作り方

＜What［Who, Where, When, Howなど］＋be動詞（was, were）＋主語～?＞の語順。

正しい英語で表現しよう！

excitedは「〈人が〉興奮した」，excitingは「〈物事が〉（人を）興奮させるような」の意味。動詞のexciteは「〈人を〉興奮させる，わくわくさせる」という意味なので，日本語の「興奮した」は，英語では「〈何かによって〉興奮させられた」のように表現します。従って，「私は興奮した」は“I was exciting.”ではなく，“I was excited.”となります。

自然な英語で表現しよう！

“How was your weekend?”という質問に対して，“I went to ～.”（私は～に行きました）で答え始める人がいます。これは必ずしも間違いではありませんが，Howで始まるこの質問には，まずは週末の感想をシンプルに伝えましょう。良い週末だったら，“(It was) good.”や“(It was) great.”などとひとこと言ってから，週末にしたことを説明するほうが自然です。

基本問題

1 次の各文の（　　）内に，was, were のいずれかを入れ，文を完成させなさい。

1) She (　　　　　) quiet this morning.

2) The room (　　　　　) really hot.

3) His shoes (　　　　　) dirty.

4) Today's class (　　　　　) interesting.

5) Mr. and Mrs. Kato (　　　　　) in Hiroshima last weekend.

2 次の各文を指示に従って書きかえなさい。

1) I was sad. （否定文に）

____

2) She was late for school. （疑問文に）

____

3) They were happy about their test scores. （否定文に）

____

4) I was <u>at home</u> this morning. （下線部をたずねる疑問文に）

____

5) Daisuke was in Okinawa <u>last summer</u>. （下線部をたずねる疑問文に）

____

3 (　　) に適語を入れ，会話を完成させなさい。

1) Mother: Was the test difficult?

Son: Yes. (　　　　　) (　　　　　) very difficult.

2) Student 1: Were you at university yesterday?

Student 2: No, (　　　　　) (　　　　　). I was at my part-time job.

3) Friend 1: Were Bunta and Ayaka at the party?

Friend 2: No, (　　　　　) (　　　　　). They never came.

4) Friend 1: What time was the baseball game?

Friend 2: (　　　　　) (　　　　　) at seven o'clock. I was tired after the game.

5) Student 1: Where was Kana last weekend?

Student 2: She (　　　　　) in her hometown. Her grandmother (　　　　　) sick.

発展問題

1 (　　) に適語を入れ，会話を完成させなさい。

1) Mother: Did you find the stapler?

Son: Yes. (　　　　　　) (　　　　　　) in the desk drawer.

2) Teacher: (　　　　　　) (　　　　　　) you absent last Friday?

Student: I had a cold and went to the doctor.

3) Friend 1: (　　　　　　) (　　　　　　) your parents last night?

Friend 2: They were at work.

4) Teacher: Was the test easy, medium or hard?

Student: (　　　　　　) (　　　　　　) medium.

5) Father: (　　　　　　) (　　　　　　) the tennis match the other day?

Daughter: It wasn't very good.

2 次の日本文を英語で表現しなさい。

1) 図書館は学生でいっぱいだった。　＊be full of ~ を使って。

2) どうしてビジネス英語の授業に遅れたのですか。

3) ゴールデンウィークはどうでしたか。

3 真由美さんが友人の太一さんと学食で話をしています。音声を聞いて，次の質問に対する答えを英語で書きなさい。

10

1) Was Taichi at school in the morning?

2) How was the accounting class?

3) Were the accounting questions difficult?

Unit 4 一般動詞（過去形，規則変化）

11

Expressions

私はパーティーを楽しんだ。	I **enjoyed** the party.
私たちはその試合を見て楽しんだ。	We **enjoyed** watching the game.
彼らはサッカーをした。	They **played** soccer.
秀樹は真由美が好きだった。	Hideki **liked** Mayumi.
拓也にデートに誘われちゃった。	Takuya **asked** me out.
奈々は朝食を抜いた。	Nana **skipped** breakfast.
私は終電に乗り遅れた。	I **missed** the last train.
私たちは２時間勉強した。	We **studied** for two hours.
私は電車で音楽を聞いた。	I **listened** to music on the train.
彼はエアコンを止めた。	He **turned** off the air conditioner.
多くの学生が宿題を提出した。	Many students **turned** in their homework.
私はクラスで自己紹介した。	I **introduced** myself in class.
彼女は３月に名古屋に引っ越した。	She **moved** to Nagoya in March.
彼らは去年，高校を卒業した。	They **graduated** from high school last year.
私たちは先月，九州に旅行した。	We **traveled** to Kyushu last month.
第二次世界大戦は1945年に終結した。	World War II **ended** in 1945.
私は日曜日はアルバイトをしなかった。	I **didn't work** part-time on Sunday.
彼は私たちと夕食を一緒にしなかった。	He **didn't join** us for dinner.
飛行機は定刻に到着しなかった。	The plane **didn't arrive** on time.
先週末は何をしましたか。	What **did** you **do** last weekend?
A: 今朝，メールをチェックしましたか。	**Did** you **check** your email this morning?
B1: はい，しました。	Yes, I **did**.
B2: いいえ，しませんでした。	No, I **didn't**.
A: いつ私の手紙を受け取りましたか。	When **did** you **receive** my letter?
B: ３日前に受け取りました。	I **received** it three days ago.
A: どこに車を停めたの？	Where **did** you **park** your car?
B: 大学に停めたよ。	I **parked** it at my university.
ことわざ 好奇心は猫を殺した。（詮索好きは身を滅ぼす）	Curiosity **killed** the cat.

12

Vocabulary

enjoy *doing* ~ ~するのを楽しむ，~して楽しむ　ask ~ out ~を（食事・デートなどに）誘う　skip ~〈朝食などを〉抜く　miss 乗り遅れる　listen to ~ ~を（意識的に注意して）聞く（◆こちらの意思とは関係なく「自然に聞こえる」は hear）　turn off ~〈明かり，テレビなどを〉消す　air conditioner エアコン，冷暖房装置　turn in ~ ~を提出する　introduce oneself 自己紹介する　move to ~ ~に引っ越す　graduate 卒業する　travel 旅行する　war 戦争　work part-time アルバイトをする　plane 飛行機　arrive 到着する　on time 定刻に，時間通りに　receive ~ ~を受け取る　park〈車などを〉駐車する　curiosity 好奇心

解　説

1. 一般動詞の過去形の種類

一般動詞を使った文を過去形にするには，be 動詞の時と同じく，動詞を「過去形」にする必要がある。一般動詞の過去形には，原形の語尾に -ed または -d をつけて過去形を作る**規則動詞**と，このルールにあてはまらない**不規則動詞**（Unit 5 で扱う）の 2 種類がある。

2. 規則動詞の過去形の作り方

規則動詞は，ふつうは動詞の語尾に -ed をつけて過去形を作るが，つづりによって次のような変化がある。

	-ed のつけ方	原形 ➡ 過去形
1	大部分の動詞は，動詞の語尾に -ed をつける。	play ➡ played
2	-e で終わる動詞の場合は，-d だけをつける。	like ➡ liked
3	＜子音字 ＋ y＞で終わる動詞は，y を i にして -ed をつける。	study ➡ studied
4	＜短母音 ＋ 子音字＞で終わる動詞は，1 字重ねて -ed をつける。	stop ➡ stopped

3. 一般動詞（過去形）の否定文の作り方

規則動詞も不規則動詞も同じで，did not を動詞の前に置く。did not の短縮形は didn't となり，話し言葉でよく用いられる。

否定文＝＜主語 ＋ did not ＋ 動詞の原形 ～.＞
　I **did not [didn't] play** the piano yesterday.　（私は昨日，ピアノを弾かなかった）

4. 一般動詞（過去形）の疑問文の作り方

規則動詞も不規則動詞も同じで，次のようになる。

疑問文＝＜Did ＋ 主語 ＋ 動詞の原形 ～?＞
　Did you **work** part-time on Saturday?　（土曜日はアルバイトをしましたか）
答え方＝はい　Yes, 主語 ＋ did. ／ いいえ　No, 主語 ＋ didn't.
　Yes, I **did.** ／ No, I **didn't.**

5. 疑問詞で始まる一般動詞（過去形）の疑問文の作り方

規則動詞も不規則動詞も同じで，次のようになる。

疑問文＝＜疑問詞 ＋ did ＋ 主語 ＋ 動詞の原形 ～?＞
　When did you **move** to Okayama?　（岡山にはいつ引っ越したのですか）

自然な英語で表現しよう！

“What did you do last weekend?” という質問に対して，「友達と遊んだ」と答える場合，“I played with my friends.” とはしないこと。“play with friends” は小学校低学年位の年齢の子どもが「友達と遊ぶ」という時に使う表現なので，大学生が使うとおかしな響きになります。“played soccer”（サッカーをした），“went to the movies”（映画を見に行った）などのように，「遊びの内容」を具体的に表現するのが自然です。

1 日本語の意味に合うように，次の各文の（　　）に適語を入れなさい。

1) Takashi (　　　　　) (　　　　　) face.（顔を洗った）

2) Suzu (　　　　　) (　　　　　) America.（アメリカで勉強した）

3) We (　　　　　) (　　　　　) the subway station.（地下鉄の駅まで歩いた）

4) I (　　　　　) (　　　　　) the radio.（ラジオを聞いた）

5) My mother (　　　　　) (　　　　　) the air conditioner.（エアコンをつけた）

2 次の各文を指示に従って書きかえなさい。

1) I watch TV every day.（every day を yesterday に）

____

2) They work part-time every weekend.（every weekend を last weekend に）

____

3) He showed us a picture of his girlfriend.（否定文に）

____

4) The train stopped at Takasaki Station.（疑問文に）

____

5) She didn't talk to her father yesterday.（She を you に変えて，疑問文に）

____

3（　　）に適語を入れ，会話を完成させなさい。

1) Student 1: Did you finish your homework?
Student 2: (　　　　　), (　　　　　) did. How about you?

2) House Guest: Did you paint that picture?
Boy: (　　　　　), I (　　　　　). My sister did.

3) Boss: Where did Hitomi work last year?
Secretary: (　　　　　) (　　　　　) in a hotel.

4) Neighbor 1: How long did the new neighbors live in Kagoshima?
Neighbor 2: They (　　　　　) (　　　　　) for three years.

5) Student 1: Why did Professor White move to Singapore?
Student 2: (　　　　　) (　　　　　) there because she found a better job.

発展問題

1 次の語句を並べかえて，日本文に合う英文を作りなさい。

1) 期限通りにレポートを提出しましたか。
[time / report / you / submit / on / did / your]?

2) 私たちの英語の先生は，先月２回休講した。
[month / teacher / two / our / cancelled / classes / English / last].

3) 綾はゴールデンウィーク中に，山口にいる祖父母を訪ねた。
[Aya / Golden Week / Yamaguchi / grandparents / visited / her / in / during].

2 次の日本文を英語で表現しなさい。

1) 学生たちは戦争について話し合った。

2) あなたは昨日，どんな（種類の）音楽を聞きましたか。

3) 彼のお姉さんはいつ大阪の短大を卒業したのですか。

3 奈々さんがクラスプロジェクトとして，現在旅行代理店に勤務する大学の先輩にインタビューをしています。音声を聞いて，次の質問に対する答えを英語で書きなさい。

1) Why did the travel agent enjoy university?

2) What club did he join?

3) What did he do with other club members?

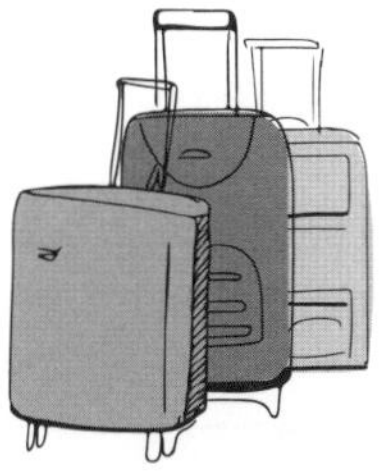

Unit 5 一般動詞（過去形，不規則変化）

14

Expressions

私は昨晩はよく眠れた。	I **slept** well last night.
私は昨晩はよく眠れなかった。	I **didn't sleep** well last night.
私は今朝寝坊した。	I **overslept** this morning.
私は今朝寝坊しなかった。	I **didn't oversleep** this morning.
私は最善を尽くした。	I **did** my best.
私はキャンパス内で佐藤教授を見かけた。	I **saw** Professor Sato on campus.
私はシャワーを浴びた。	I **took** a shower.
私は宿題をした。	I **did** my homework.
私は１時に昼食をとった。	I **ate** lunch at one o'clock.
私は授業で短いプレゼンをした。	I **made** a short presentation in class.
私は昨日の夜，あなたの夢を見た。	I **had** a dream about you last night.
ついに宝くじが当たった。	I **won** the lottery at last.
私は妹にクリスマスプレゼントをやった。	I **gave** my sister a Christmas present.
彼は電気自動車を買った。	He **bought** an electric car.
彼は昨日学校に来た。	He **came** to school yesterday.
彼女は卒業後，教員になった。	She **became** a teacher after graduation.
彼女は電車で本を読んだ。	She **read** a book on the train.
彼女は服にたくさんお金を使った。	She **spent** a lot of money on clothes.
彼は健康上の理由で仕事をやめた。	He **quit** his job for health reasons.
彼は今日，車で学校に来た。	He **drove** to school today.
彼らは先日，渋谷に行った。	They **went** to Shibuya the other day.
彼らは先週の火曜日にそこへ行った。	They **went** there last Tuesday.
昨日，地震があった。	We **had** an earthquake yesterday.
トムは私に「ごめんなさい」と言った。	Tom **said** to me, "I'm sorry."
A: 今日は何時に起きましたか。	What time **did** you **get** up today?
B: ６時に起きました。	I **got** up at six o'clock.
A: 昨日は何をしたの？	What **did** you **do** yesterday?
B: バイトです。	I **did** my part-time job.

15

Vocabulary

oversleep 寝坊する　do one's best 最善を尽くす　on campus キャンパス内で　do one's homework 宿題をする　presentation （商品・考えなどについての）説明，発表，プレゼン（テーション）　have a dream 夢を見る　win the lottery 宝くじに当たる　at last ついに　present 贈り物　electric 電気の，電気で動く　graduation 卒業　spend 〈金を〉使う，費やす　quit ~ ～をやめる　health 健康　reason 理由　drive to school 車で通学する　the other day 先日　earthquake 地震

解　説

1. 不規則動詞の過去形

不規則動詞は，原形に -ed や -d をつけて過去形を作るという規則動詞のルールにあてはまらない動詞である。go ➡ went，come ➡ came，eat ➡ ate，do ➡ did，take ➡ took，buy ➡ bought のように，それぞれ特有の変化をして過去形を作るので，１つ１つ形を正確に覚えることが大切である。

2. 不規則動詞の過去形の作り方

不規則動詞には，次の４つの型がある。

(1) ABC 型－原形・過去形・過去分詞がすべて変わる

原形（意味）	過去形	過去分詞
give（与える）	gave	given
see（見える）	saw	seen

(2) ABB 型－過去形と過去分詞が同形

原形（意味）	過去形	過去分詞
have（持つ）	had	had
say（言う）	said	said

(3) ABA 型－原形と過去分詞が同形

原形（意味）	過去形	過去分詞
come（来る）	came	come
run（走る）	ran	run

(4) AAA 型－原形・過去形・過去分詞がすべて同形

原形（意味）	過去形	過去分詞
read（読む）	read	read
quit（やめる）	quit	quit

last Tuesday は「先週の火曜日」？ それとも「今週の火曜日」？

last が「曜日」について用いられる場合，それは「現在に一番近い過去の」または「先週の」を意味します。したがって，今が金曜日ならば，last Tuesday は「今週の（現在に一番近い過去の）火曜日」と「先週の火曜日」のどちらにもとれます。そこで，last の意味をはっきりさせるためには次のように言います。

I went to Yokohama on Tuesday last week. （先週の火曜日に横浜へ行った）

I went to Yokohama on Tuesday this week. （今週の火曜日に横浜へ行った）

基本問題

1 日本語の意味に合うように，次の英文の（　　）に適切な動詞を入れなさい。

1）I (　　　　　　) to bed at 2 a.m.（午前2時に寝た）

2）I (　　　　　　) a college student in April.（4月に大学生になった）

3）He (　　　　　　) a bath.（風呂に入った）

4）She (　　　　　　) his telephone number.（彼の電話番号を忘れた）

5）We (　　　　　　) in the swimming pool.（プールで泳いだ）

2 次の各文を指示に従って書きかえなさい。

1）We have a test today.（today を yesterday に）

2）I went there alone.（否定文に）

3）They caught a lot of fish.（疑問文に）

4）She came home at nine o'clock.（下線部を問う文に）

5）Satoshi ate a hamburger for lunch.（下線部を問う文に）

3 各文の［　　］内の語句を適切に並べかえなさい。

1）［ coffee / drank / we ］after lunch.

2）Koji［ bicycle / his / rode / school / to ］.

3）I［ brother / Tokyo Disneyland / to / took / my ］.

4）Sanae［ year / an / became / teacher / last / art ］.

5）I was very tired, so［ I / bed / to / early / went ］.

発展問題

1 (　　) に適語を入れ，会話を完成させなさい。

1) Friend 1: Where did you buy your laptop?

Friend 2: I (　　　　) (　　　　) on the Internet.

2) Student 1: What time did you and Kasumi leave school?

Student 2: (　　　　) (　　　　) at five thirty.

3) Employee 1: (　　　　) (　　　　) Susan quit her job?

Employee 2: She quit because she didn't like her boss.

4) Mother: How much money did you spend on books last month?

Daughter: Well, I (　　　　) about 5,000 yen, but I usually (　　　　) less.

5) Student 1: Do you have a driver's license?

Student 2: Yes, I do.

Student 1: (　　　　) (　　　　) (　　　　) get it?

Student 2: I got it last March.

2 次の日本文を英語で表現しなさい。

1) 彼女は携帯電話を電車に置き忘れた。

____

2) 週末はどのように過ごしましたか。　＊spend を使って。

____

3) 高校の修学旅行ではどこに行きましたか。

____

3 奈々さんが昨日やったことを話しています。音声を聞いて，次の質問に対する答えを英語で書きなさい。

16

1) What time did Nana leave her apartment?

____

2) What did Nana do after the first class?

____

3) How many classes did Nana go to in the afternoon?

____

Unit 6 命令文, There is [are] ~

17

Expressions

静かにしなさい！	**Be** quiet!
最善を尽くしなさい。	**Try** your best.
それは私に任せて。	**Leave** it to me.
目を閉じて，リラックスしてください。	**Close** your eyes and **relax**.
部屋をきれいにしておきなさい。	**Keep** your room clean.
教科書の 16 ページを開いてください。	**Open** your textbooks to page 16.
どうぞごゆっくり。	**Please take** your time.
自己紹介してください。	**Please introduce** yourself.
日本での滞在を楽しんでください。	**Please enjoy** your stay in Japan.
ちょっと待ってくださいね。	**Wait** a minute, **please**.
恥ずかしがらないで。	**Don't** be shy.
心配しないで。あなたのせいじゃないよ。	**Don't** worry. It's not your fault.
風邪を引かないようにね。	**Don't** catch a cold.
知らない人からの添付ファイルは開けたらだめだよ。	**Don't** open attachments from strangers.
決してあきらめないで。	**Never** give up.
柔軟にやりましょう。	**Let's** be flexible.
ひと休みしましょう。	**Let's** take a rest.
彼女に大きな拍手を送りましょう。	**Let's** give her a big hand.
そこへは行かないことにしよう。	**Let's not** go there.
向こうに犬がいるよ。	**There is** a dog over there.
このあたりにコンビニはない。	**There isn't** a convenience store around here.
冷蔵庫に卵がいくつかある。	**There are** some eggs in the fridge.
今日は公園にはたくさん人がいない。	**There aren't** many people in the park today.
A: 良い週末を！	**Have** a good weekend!
B: ありがとう。君もね。	Thank you. You, too.
A: 大学構内に ATM はありますか。	**Is there** an ATM on campus?
B: はい。東門の近くに１つあります。	Yes. **There's** one near the east gate.
ことわざ 我が家に勝る所はない。（住めば都）	**There's** no place like home.

18

Vocabulary

try one's best 最善を尽くす　leave 〈物事を〉（人に）任せる　relax リラックスする　textbook 教科書
take one's time ゆっくり［自分なりのペースで］やる　shy 恥ずかしがりの，内気の　worry 心配する　fault （過失の）責任　catch a cold 風邪を引く　attachment （メールの）添付ファイル　stranger 見知らぬ人
give up あきらめる　flexible 柔軟な　take a rest ひと休みする　over there 向こうに　fridge 冷蔵庫
ATM 現金自動預け払い機（◆Automated [Automatic] Teller Machine の略語）　gate 門

解　説

1. 命令文

相手に対して命令したり，依頼や勧誘するときの文を「命令文」という。

(1) 相手に命令して，「～しなさい」という時は，主語の You を省き，動詞の原形で文を始める。be 動詞の文は，Be ～. となる。

(2) 文頭または文尾に please をつけると，「～してください」という依頼する文になる。文尾の時は，その前にコンマ＜ , ＞をつける。

Please close the door. ＝ **Close** the door, **please.** （ドアを閉めてください）

(3) 文頭または文尾に please がついていなくても，声の調子（イントネーション）によっては，「～してください」という意味の文になる。

(4) 「～するな」という否定の命令文は，＜Don't ＋ 動詞の原形. ＞の形にする。Don't の代わりに Never を使うと，強い禁止の意味になる。

Don't tell a lie. （うそをついてはいけません）

Never tell a lie. （決してうそをつくな）

(5) 「～しましょう」と相手を勧誘するときは，＜Let's ＋ 動詞の原形. ＞の形にする。

Let's go to the museum. （博物館に行きましょう）

(6) 「～するのをやめましょう」という否定の勧誘を表したいときは，＜Let's not ＋ 動詞の原形. ＞の形にする。

Let's not go to the museum today. （きょう博物館に行くのはやめましょう）

2. There is [are] ～.

There is [are] ～. は「～がある」「～がいる」という意味。

(1) ～には不特定の名詞，または不定代名詞（something, nothing など）が入り，これらが文の意味上の主語となる。

There is **a book** on the desk. （机の上に本がある）

There is **something** wrong with my car. （私の車はどこかおかしい）

(2) 主語が単数の時は There is ～. となり，主語が複数の時は There are ～. となる。

There is a bakery near here. （この近くにパン屋が１軒ある）

There are two bakeries near here. （この近くにパン屋が２軒ある）

(3) この There は形式的な主語で，「そこに」「そこで」「そこへ」の意味はない。

There is a convenience store on campus. （大学構内にコンビニがある）

比較 He went **there** by car. （彼はそこへ車で行った）

正しい英語で表現しよう！

日本語では物を手渡す時に「どうぞ」と言いますが，英語では "Here you are." または "Here you go." と言います。また，ドアやエレベーターなどの所で「お先にどうぞ」と言いたい場合は，"Please go ahead." や "After you, please." などと言います。

基本問題

1 下の囲みの中から適語を選び，会話を完成させなさい。同じ語を２回使わないこと。

1) Student 1: Let's (　　　　　　) lunch together.
   Student 2: Good idea. Shall we go to the school cafeteria?

2) Teacher: (　　　　　　) your summer vacation!
   Student: Thank you. I'm going to New Zealand!

3) Student 1: Don't (　　　　　　) so nervous. Relax!
   Student 2: I'm always nervous before an exam.

4) Boyfriend: Let's (　　　　　　) for a drive!
   Girlfriend: OK. Where do you want to go?

5) Friend 1: Don't (　　　　　　). Everything will be fine!
   Friend 2: I hope you're right.

enjoy	go	worry	be	have

2 次の各組の文がほぼ同じ内容を表すように，(　　) に適語を入れなさい。

1) A lot of people are outside.
   (　　　　　　) (　　　　　　) a lot of people outside.

2) No one is here.
   There (　　　　　　) anybody here.

3) Some cake is on the table.
   (　　　　　　) (　　　　　　) some cake on the table.

3 各文の [　　] 内の語句を適切に並べかえなさい。

1) [not / time / let's / waste].

____

2) [on / the / please / air conditioner / turn].

____

3) [there / near / sushi restaurant / is / here / a]?

____

4) [class / textbook / buy / the / before / please / next].

____

5) [are / at / about / university / there / my / 1,000 students].

____

発展問題

1 次の語句を並べかえて，日本文に合う英文を作りなさい。

1) 割り勘にしましょう。
[bill / let's / the / split].

2) 暗証番号を他人に教えないでください。
[share / PIN / anyone / don't / your / with].

3) コーヒーを飲みながら話しましょう。
[coffee / a / talk / of / cup / let's / over].

4) 世界にはいくつの言語がありますか。
[world / many / languages / are / how / in / there / the]?

5) 明日の朝一番にお電話ください。
[tomorrow / call / first / me / please / thing / morning].

2 次の日本文を英語で表現しなさい。

1) このクラスでは日本語を話さないでください。

2) 日本にはホームレスの人がたくさんいますか。

3) 優先席の近くでは携帯電話の電源はお切りください。　＊優先席＝priority seats

3 奈々さんが新入生を対象にしたキャンパスツアーで，在学生としてガイドをしています。音声を聞いて，次の質問に対する答えを英語で書きなさい。

19

1) How many gates are there?

2) Is there a convenience store on campus?

3) Why does Nana say, "Let's keep moving"?

20

英語で接客しよう！

日本を訪れる外国人観光客の数が増えています。ここでは飲食店で使える英語の基本フレーズを紹介します。皆さんのアルバイト先に外国人観光客が来て，日本語が通じない場合は，ぜひここにあるフレーズを使って接客してください。

～店の入り口で～

How many people (in your party)?（何名様ですか）

Please wait here.（ここでお待ちください）

Is a counter seat OK?（カウンター席でもよろしいですか）

Please buy your meal ticket from the machine over there.
（向こうの機械で食券を買ってください）

～座席への案内～

This way, please.（こちらへどうぞ）

Please follow me.（私について来てください）

Please watch your step.（お足元にご注意ください）

Is this table OK?（このテーブルでよろしいですか）

～注文方法についての説明～

Please use the touch panel to order.（タッチパネルを使って注文してください）

Please press this button when you're ready to order.
（ご注文の際はこのボタンを押してください）

～メニューの提供から注文を取るところまで～

Here is the menu.（こちらがメニューです）

Here is the English menu.（こちらが英語で書かれたメニューです）

Here is your water.（どうぞお水です）

May I take your order?（ご注文を伺ってもよろしいですか）

Are you ready to order?（ご注文はお決まりでしょうか）

Would you like anything else?（ほかに何かいかがですか）

Let me repeat your orders.（ご注文を確認します）

When shall I bring your drink?
（お飲み物はいつお持ちしますか）

21

～調理方法，ドレッシングの希望について～

How would you like your steak? Rare, medium or well-done?
（ステーキはどのように焼きましょうか。レア，ミディアム，ウェルダンがありますが）

What kind of dressing would you like? We have Italian, French and Japanese.
（どんなドレッシングがよろしいですか。イタリアン，フレンチ，和風があります）

～注文品の提供から会計まで～

Here is your coffee. （コーヒーでございます）

May I take your plate? （お皿をお下げしてもよろしいですか）

How was your meal? （お食事はいかがでしたか）

Here is your check [bill]. （こちらがお勘定書です）

Please pay at the cash register. （支払いはレジでお願いします）

～支払方法など～

We accept all major credit cards.
（すべての主要なクレジッドカードを受け付けています）

You can pay by using Apple Pay or PayPay.
（Apple Pay か PayPay でお支払いただけます）

I'm sorry. We only accept cash.
（申し訳ありません。当店は現金のみ受け付けています）

～その他～

Could you say it again? （もう一度言っていただけませんか）

Could you speak slowly? （ゆっくり話していただけませんか）

Last order is at ten thirty. （ラストオーダーは 10 時半です）

Time for last orders! （ラストオーダーの時間です！）

Please come back soon! （またのご来店をお待ちしています）

Unit 7 itの特別用法

22

Expressions

今日は暖かい。	**It** is warm today.
今朝はとても寒い。	**It** is very cold this morning.
昨日は蒸し暑かった。	**It** was hot and humid yesterday.
一晩中，雨が降った。	**It** rained all night.
うそをつくのは悪いことだ。	**It** is wrong **to tell** a lie.
この川で泳ぐのは危険です。	**It** is dangerous **to swim** in this river.
フードロスを減らすことは重要だ。	**It** is important **to reduce** food waste.
過去を変えることは不可能だ。	**It** is impossible **to change** the past.
すべての人に親切にするのは難しい。	**It** is difficult **to be** kind to everyone.
私にとってこの問題を解くのは簡単です。	**It** is easy **for** me **to solve** this problem.
私にとってスピーチをするのは簡単ではない。	**It** is not easy **for** me **to make** a speech.
明日は休んでもいいですよ。	**It** is OK **for** you **to take** a day off tomorrow.
車に乗せてくださって，ありがとうございます。	**It** is kind **of** you **to give** me a ride.
彼は親切にも私を病院に見舞ってくれた。	**It** was kind **of** him **to visit** me in the hospital.
A: 今日は良いお天気ですね。	**It**'s a beautiful day today.
B: はい。空は快晴ですね。	Yes. The sky is so clear.
A: 今何時ですか。	What time is **it**?
B: ３時半です。	**It**'s three thirty.
A: ここからあなたの学校まで遠いですか。	Is **it** far from here to your school?
B: いいえ。ここからかなり近いです。	No. **It**'s pretty close from here.
A: 一番近い交番までどのくらいの距離がありますか。	How far is **it** to the nearest police box?
B: あちらの方に 200 メートルぐらいです。	**It**'s about 200 meters that way.
ことわざ 学ぶのに遅すぎることはない。（八十の手習い；一生が学問）	**It** is never too late **to learn**.

23

Vocabulary

warm〈天候などが〉暖かい　humid 湿気の多い　tell a lie うそをつく　dangerous 危険な　important 重要な，大切な　reduce ～ ～を減らす　food waste フードロス，食品廃棄（物）　impossible 不可能な　the past 過去　solve〈問題などを〉解く　make a speech スピーチ［演説］をする　take a day off １日休みを取る　give ~ a ride ～を（車などに）乗せてやる　visit ~ ～を見舞う；～を訪問する　hospital 病院　clear〈空が〉晴れた，快晴の　far 遠くへ，遠く離れて　pretty かなり（◆形容詞・副詞を強調する）　close 近い（◆「閉じる」の意味の close と発音が異なるので注意）　police box 交番　meter メートル（◆発音注意）

解　説

既述の語・句・節を受けて，「それは[が]」，「それを[に，と]」の意味を表す it とは別に，it には次のような用法がある。

1. 主語となって，天候・時刻・距離・明暗・寒暖を表す it

It is cloudy today.（今日は曇っている）　【天候】

It is five o'clock.（5時です）　【時刻】

It is far from here to my house.（ここから私の家までは遠い）　【距離】

It is dark outside.（外は暗い）　【明暗】

It is cold today.（今日は寒い）　【寒暖】

＊ It は「それは」「それが」などと日本語には訳さない。

2. 形式主語（＝形だけの主語）としての it

It is important to read many books.（たくさんの本を読むことは大切です）

＊ to read many books が真主語（＝本当の主語）。文頭の It は日本語には訳さない。

a. 意味上の主語をはっきり表す＜for ～＞

意味上の主語をはっきりと表したい場合は，真主語の前に＜for ～＞の形で入れ，「～にとって」「～が」などと訳す。

It is important **for you** to read many books.
（あなたがたくさんの本を読むことは大切です）

b. 意味上の主語が一般の人の時

意味上の主語が一般の人の時は，＜for ～＞は特につけない。

It is wrong to tell a lie.（うそをつくのは悪いことだ）

c. 意味上の主語を＜of ～＞で表す場合

It is の次に人の性質などを表す形容詞がくる時は，不定詞の意味上の主語は＜of ～＞の形で表す。

It is kind **of you** to come and see me.
（会いに来てくださってありがとうございます）

＊ ＜of ～＞の形をとる形容詞には，kind のほかに，careless（不注意な），brave（勇敢な），wise（賢い），rude（無礼な），foolish（愚かな）などがある。

自然な英語で表現しよう！

Unit 6 で学んだように，please は命令文の文頭や文尾に用いて「どうぞ」「どうか」などの意味になります。しかし，please は動詞としても使うことができ，その 1 つの意味は「〈人を〉喜ばせる，満足させる」です。この動詞を使って It is hard to please him. というと，「彼を喜ばせるのは難しい」，つまり「彼は気難しい」という意味になります。また，She tries to please everyone. は「彼女は八方美人だ（←彼女は全員を喜ばせようとする）」の意味です。

基本問題

1 次の英文を日本語に直しなさい。

1） It is already 9 o'clock.

（　　　　　　　　　　　　　　　　　　　　　　　　　　　　　　）

2） It is very difficult to answer the last question.

（　　　　　　　　　　　　　　　　　　　　　　　　　　　　　　）

3） It is important to always do your best.

（　　　　　　　　　　　　　　　　　　　　　　　　　　　　　　）

4） Is it easy for you to make a speech?

（　　　　　　　　　　　　　　　　　　　　　　　　　　　　　　）

5） It is kind of you to say that.

（　　　　　　　　　　　　　　　　　　　　　　　　　　　　　　）

2 次の各文を指示に従って書きかえなさい。

1） It's still raining. （疑問文に）

____

2） It is necessary for you to come again. （否定文に）

____

3） It is about two kilometers from here to the museum. （下線部をたずねる疑問文に）

____

3 （　　）に適語を入れ，会話を完成させなさい。

1） Wife: How is the weather?

Husband: (　　　　　) sunny.

2） Student 1: Is (　　　　　) 11 o'clock already?

Student 2: Yes. It's almost lunchtime.

3） Daughter: (　　　　　) (　　　　　) easy to drive a car?

Father: It's not easy in the city, but very easy in the country.

4） Foreigner: (　　　　　) far is (　　　　　) from Tokyo to Sendai?

Japanese: It's about 300 kilometers.

5） Friend 1: (　　　　　) always fun to learn new things.

Friend 2: I agree. What are you studying now?

発展問題

1 次の語句を並べかえて，日本文に合う英文を作りなさい。

1) 真実を告げるのは時として難しい。
[the truth / difficult / sometimes / to / it / tell / is].

2) ヘレンが良い仕事を見つけたのは幸運だった。
[lucky / job / Helen / to / good / was / find / it / a / for].

3) アパートの鍵をなくすなんて彼はうかつだった。
[apartment / careless / lose / it / him / of / was / to / his / key].

4) 良書を読んで，消化する［＝理解する］ことが大事である。
[good / digest / is / to / it / them / read / important / and / books].

2 次の日本文を英語で表現しなさい。

1) すべての人を喜ばせることは不可能だ。　＊～を喜ばせる＝please ～

2) あなたの家から大学までどのくらいありますか。

3) 私たちが英語を学習するのは大切だろうか。　＊Is it で文を始める。

3 真由美さんの英語の先生が生まれ故郷の夏について話しています。音声を聞いて，次の質問に対する答えを英語で書きなさい。

24

1) In what country is the teacher's hometown?

2) What is the weather like in the summer?

3) What do many people in the teacher's hometown enjoy doing?

Unit 8 注意すべき疑問文

25

Expressions

A: あなたの家は何色ですか。	**What color** is your house?
B: 白です。	It's white.
A: 由美子は何県の出身ですか。	**What prefecture** is Yumiko from?
B: 新潟県です。	She's from Niigata Prefecture.
A: ブラジルでは何語を話しますか。	**What language** do they speak in Brazil?
B: ポルトガル語を話します。	They speak Portuguese.
A: あなたはどんなスポーツが好きですか。	**What sports** do you like?
B: 私はスキーが好きです。	I like skiing.
A: どの科目が一番好きですか。	**Which subject** do you like best?
B: 心理学です。	I like psychology best.
A: あなたの犬は何歳ですか。	**How old** is your dog?
B: ５歳です。	He's five years old. / She's five years old.
A: 外食はどのくらいするの？	**How often** do you eat out?
B: 週に１, ２回です。	Once or twice a week.
A: 韓国語の試験はどのくらいの長さでしたか。	**How long** was the Korean test?
B: 60 分です。	It was 60 minutes.
A: カレーライスが好きなのはだれですか。	**Who likes** curry and rice?
B: 一郎です。	Ichiro does.
A: どうしてここへいらっしゃったのですか。	**What brings** [**brought**] you here?
B: ここには仕事で来ています。	I'm here on business.
A: だれがこの写真を撮ったのですか。	**Who took** this picture?
B: 私です。	I did.
A: だれがこのケーキを焼いたのですか。	**Who baked** this cake?
B: 結衣です。	Yui did.
彼がどこに住んでいるか知っています。	I know **where** he lives.
彼がどこに住んでいるか知っていますか。	Do you know **where** he lives?
この家にだれが住んでいるか知っていますか。	Do you know **who** lives in this house?
僕の電話，どこにあるか知ってる？	Do you know **where** my phone is?

26

Vocabulary

language 言語　Brazil ブラジル(◆アクセント注意)　Portuguese ポルトガル語　skiing（スポーツの）スキー(◆ski は「スキーをする」という動詞と,「スキー(の板)」という名詞の意味。→ p.17 コラム を参照)　psychology 心理学　eat out 外食する　once 1度, 1回　twice 2度, 2回　Korean 韓国語の　minute（時間の）分　bring（出来事などが)〈人を〉連れて来る　on business 仕事で, 商用で　take a picture 写真を撮る　bake〈パンなどを〉焼く　cake ケーキ　phone 電話(◆telephone の短縮形)

解　説

1. what＋名詞

what を名詞の前に置くと，疑問を表す形容詞句となる。この時の what は「何の，どの，どんな」の意味である。

What sports do you like?　（あなたはどんなスポーツが好きですか）

× What do you like sports?

2. which＋名詞

which を名詞の前に置くと，疑問を表す形容詞句となる。この時の which は「（限られたものの中の）どの，どちらの」の意味である。

Which umbrella is yours?　（どの傘があなたのですか）

3.「程度」を表す how

「方法・手段」ではなく，「程度」を表す how は「どれくらい，どれほどの，どの程度」という意味で，通例形容詞，副詞を伴う。

How tall is he?　（彼の背はどのくらいですか）

How often do you go to the movies?　（映画にはどのくらい行きますか）

4. 疑問詞が主語の文の語順；一般動詞（現在形）を用いる場合

疑問詞が主語の文では，do や does を用いないで，平叙文と同じ語順になる。疑問詞は３人称・単数扱いなので，現在の文では一般動詞に -s または -es がつく。

疑問文＝＜疑問詞 ＋ 動詞（現在形）〜？＞

Who likes fishing?　（釣りが好きなのはだれですか）

答え方＝＜主語 ＋ do [does].＞　　＜主語 ＋ don't [doesn't].＞

I do.　（私です）／ Osamu does.　（修です）　　I don't.　（私は嫌いです）

5. 疑問詞が主語の文の語順；一般動詞（過去形，規則変化）を用いる場合

疑問詞が主語の文では，did を用いないで，平叙文と同じ語順になる。

疑問文＝＜疑問詞 ＋ 動詞（過去形）〜？＞

Who played tennis yesterday?　（昨日，テニスをしたのはだれですか）

答え方＝＜主語 ＋ did.＞　　＜主語 ＋ didn't.＞

I did.　（私です）　　I didn't.　（私はしていません）

6. 疑問詞が主語の文の語順；一般動詞（過去形，不規則変化）を用いる場合

5.の一般動詞（過去形，規則変化）を用いる場合と同じ。

7. 間接疑問文

(1) 疑問詞で始まる疑問文が，目的語として他の文の一部になっている文を間接疑問文という。疑問詞のあとは，平叙文の語順になる。

I know **why** he quit his job.　（私はなぜ彼が仕事をやめたのか知っています）

Nobody knows **where** she lives.　（だれも彼女がどこに住んでいるか知りません）

(2) 主語が疑問詞になっている疑問文は，もともと＜主語＋動詞＞という平叙文の語順になっているので，そのままの形で間接疑問として用いられる。

I know **who** broke the window.　（私はだれが窓を割ったのか知っています）

基本問題

1 次の各文の（　　）内から適語を選び，文を完成させなさい。

1） How (often, far, big) is it to the train station?

2） (What, How, Who) sports are popular in Japan?

3） Who (goes, went, went to) the library yesterday?

4） (Which, What, How) old is your brother?

5） I don't know (who, which, where) painted this picture.

2 次の各文の下線部をたずねる疑問文を作りなさい。

1） His car is red.

____

2） Mana and I went with Kanae.

____

3） My grandfather named me.

____

3（　　）に適語を入れ，会話を完成させなさい。

1） Friend 1: What (　　　　) (　　　　) you play?

Friend 2: I play soccer and I do judo.

2） Professor: What high school (　　　　) (　　　　) go to?

Student: I went to Nanboku High School.

3） Teacher: (　　　　) prefecture is larger, Kagawa or Tokushima?

Student: I don't know. Maybe Kagawa?

4） Japanese Student: What (　　　　) you to Japan?

International Student: I came to study Japanese.

5） Student 1: What (　　　　) do you like?

Student 2: I like sushi.

Student 1: What (　　　　) of sushi do you like?

Student 2: I love tuna.

発展問題

1 次の語句を並べかえて，日本文に合う英文を作りなさい。

1) あとどのくらいで映画は始まりますか。
[movie / soon / how / does / the / begin]?

2) 四国で一番人口が多いのは何県ですか。
[Shikoku / largest / prefecture / in / which / the / population / has]?

3) 私はここから空港までどれくらいの距離か分かりません。
[here / airport / far / I / know / is / don't / it / from / to / how / the].

2 次の日本文を英語で表現しなさい。

1) あなたは中学でどのスポーツをしましたか。

2) だれも彼女が何歳か知らない。　＊how old を使って。

3) だれが去年，ノーベル平和賞を取ったか知っていますか。

3 真由美さんが英語クラスでの発表のために留学生にインタビューをしています。音声を聞いて，次の質問に対する答えを英語で書きなさい。

27

1) What country is Andre from?

2) What language does Andre speak well?

3) How big is Andre's hometown?

Unit 9 進行形

28

Expressions

私は今，スペイン語を勉強しています。	I'**m studying** Spanish now.
私は今学期，12 科目を取っています。	I'**m taking** twelve courses this semester.
今，雪が降っています。	It'**s snowing** now.
彼女は音楽を聞いています。	She'**s listening** to music.
彼は窓のそばに座っています。	He'**s sitting** by the window.
私の姉はオーストラリアに留学しています。	My sister **is studying** in Australia.
私たちは最善を尽くしています。	We'**re doing** our best.
彼は新しいアプリをダウンロードしています。	He'**s downloading** a new app.
彼女は新車を買うためにお金をためています。	She'**s saving** money for a new car.
彼は花に水をやっています。	He'**s watering** the flowers.
日本の人口は急速に高齢化しています。	Japan's population **is aging** rapidly.
日本のいなかの人口は減少しています。	Japan's rural population **is decreasing**.
夏休みがもうすぐやってきます。	Summer vacation **is coming** soon.
彼女のお兄さんは仕事を探していません。	Her brother **isn't looking** for a job.
純と太郎は電話で話しています。	Jun and Taro **are talking** on the phone.
このクラスでは教科書を使っていません。	We **aren't using** a textbook in this class.
私が帰宅した時，父が夕食を作っていました。	When I came home, my father **was cooking** dinner.
彼女はパーティーでだれとも話していなかった。	She **wasn't talking** to anyone at the party.
A: メールをチェックしてるんですか。	**Are** you **checking** your email?
B1: はい，そうです。	Yes, I am.
B2: いいえ，違います。	No, I'm not.
A: あなたは何を専攻していますか。	What **are** you **majoring** in?
B: 私は法学を専攻しています。	I'**m majoring** in law.
A: ハワイにはいつ出発するんですか。	When **are** you **leaving** for Hawaii?
B: 7日です。	I'**m leaving** on the 7th.

29

Vocabulary

Spanish スペイン語　course（大学などの）コース，科目　semester（2学期制の）学期　download ~ ~をダウンロードする　app アプリ（◆特に携帯端末やソーシャルメディアなどで使われることが多い）　save〈金を〉蓄える，ためる　water〈植物などに〉水をやる　population 人口　age 年をとる，ふける　rapidly 急速に　rural いなかの　decrease 減少する　look for ~ ~を探す　talk on the phone 電話で話す　come home 家に帰る　major in ~ ~を専攻する　law 法律；法学　leave 出発する

解　説

1. 進行形

ある時点で動作が進行中・継続中であることを表す形を「進行形」という。ある時点が現在なら現在進行形（～している），過去なら過去進行形（～していた）になる。

2. 進行形の形

現在進行形 … ＜am [are, is] ＋ ~ing＞
過去進行形 … ＜was [were] ＋ ~ing＞

3. 現在進行形が表す主な３つの意味

⑴ 現在進行中の動作　「ちょうど～しているところだ」
now という副詞がよく使われる。
He **is listening** to music now. （彼は今，音楽を聞いている）

⑵ 今週，今月，最近進行している動作や行為　「～している」
He **is studying** hard these days. （彼は最近一生懸命勉強している）

⑶ 近い未来「～するだろう」「～する予定だ」
go（行く），come（来る），leave（出発する），arrive（到着する）など往来・発着を表す動詞の現在進行形は，近い未来の個人的な予定・計画を表す。
He **is leaving** for London next week. （彼は来週ロンドンへ出発します）

4. 過去進行形が表す主な２つの意味

⑴ 過去のある時点における進行中の動作　「ちょうど～しているところだった」
She **was taking** a bath when I telephoned. （私が電話した時，彼女は入浴していた）

⑵ 過去における近い未来　「～するつもりだった」「～する予定だった」
主として，往来・発着を表す動詞が使われる。
She said she **was coming** right away. （すぐに参りますと彼女は言った）

5. 進行形の否定文の作り方

時制	be 動詞	not	-ing 形	意味
現在	am, are, is	not	~ing	～していない
過去	was, were			～していなかった

6. 進行形の疑問文の作り方

現在 … ＜Is [Are] ＋ 主語 ＋ ~ing)？＞
過去 … ＜Was [Were] ＋ 主語 ＋ ~ing)？＞

7. 疑問詞で始まる進行形の疑問文の作り方

＜What〔When, Why など〕＋ be 動詞（is, are, am, was, were）＋ 主語 ＋ ~ing?＞の語順。

1 次の各文を指示に従って書きかえなさい。

1) Eric plays the guitar. （現在進行形に）

____

2) Michiko talked on her mobile phone. （過去進行形に）

____

3) I'm cooking now. （否定文に）

____

4) It's raining hard. （疑問文に）

____

5) Roger is majoring in education. （疑問文に）

____

6) They were speaking German. （下線部を問う文に）

____

7) Kotone and Miharu are studying in the library now.
（now を then に変えて，疑問文に）

____

2 下の囲みの中から適語を選び，それを -ing 形にして（　　）に入れ，文を完成させなさい。同じ語を２回使わないこと。

1) Salesclerk: May I help you?
Customer: Thanks, but I'm just (　　　　　　).

2) Father: What are you (　　　　　　) at school?
Daughter: Food waste. It's a very big problem in Japan.

3) Student 1: What are you (　　　　　　) here?
Student 2: I'm meeting my girlfriend.

4) Son: I'm (　　　　　　) home at six tomorrow.
Mother: That's early. What time will you come home?

5) Student 1: What are you (　　　　　　) in?
Student 2: English. I want to work for a foreign company.

do	leave	look	major	study

発展問題

1 (　　) に適語を入れて，会話を完成させなさい。最初の１文字をヒントとして示している問題もあります。

1) Friend 1: We're (h　　　　　　) a party on Saturday. Would you like to come?
   Friend 2: Sure. What time does it start?

2) Teacher: (W　　　　　　) (　　　　　　) you wearing a suit today?
   Student: I'm having an interview for a scholarship this afternoon.

3) Student 1: (　　　　　　) (　　　　　　) your friend doing?
   Student 2: She was downloading a book to her tablet computer.

4) Friend 1: (　　　　　　) (　　　　　　) your sister moving to Kyoto?
   Friend 2: She's still thinking about the date.

2 次の日本文を英語で表現しなさい。

1) 日本の出生率は低下している。　＊出生率＝birthrate

____

2) まだアルバイトを探してるの？

____

3) 昨日の夜 11 時に，あなたは何をしていましたか。

____

3 先生が授業を始めようとしている時に，奈々さんがスマホで何かしているのに気づきます。音声を聞いて，次の質問に対する答えを英語で書きなさい。

30

1) What is Nana doing?

____

2) How do you say アプリ in English?

____

3) Why does the professor tell Nana to look at her smartphone screen?

____

Unit 10 未来形

31

Expressions

私の妹は来週 17 歳になります。	My sister **will** be 17 next week.
午後は雨になるだろう。	It **will** rain in the afternoon.
心配しないで。何事もうまくいくから！	Don't worry. Everything **will** be fine.
彼女はたぶんパーティーに来るだろう。	She'**ll** probably come to the party.
私は秀樹が運転免許試験に合格すると思う。	I think Hideki **will** pass his driving test.
今回は彼は成功しないだろう。	This time he **won't** make it.
すぐに戻ります。	I'**ll** be back soon.
最善を尽くします。	I'**ll** do my best.
後でメールするね。	I'**ll** email you later.
明日彼女にプロポーズしようと思ってるんだ。	I'**m going to** propose to her tomorrow.
彼女は後で友達と会うつもりです。	She'**s going to** meet her friend later.
私たちは今年の夏，沖縄に行くつもりです。	We'**re going to** Okinawa this summer.
私はこの週末は何もしません。	I'**m not going to** do anything this weekend.
A: 良い週末を！	Have a good weekend!
B: ありがとう。そうします。	Thanks. I **will**.
A: お弁当を忘れないでね。	Don't forget your lunch.
B: 忘れないよ。ありがとう。	I **won't**. Thanks.
A: 箱根には何時に到着するでしょうか。	What time **will** we arrive in Hakone?
B: 20 分後に到着します。	We'**ll** arrive in 20 minutes.
A: 来年留学するつもりですか。	**Are** you **going to** study abroad next year?
B: はい。イギリスで勉強するつもりです。	Yes. I'**m going to** study in the U.K.
A: この週末は何をするつもりですか。	What **are you going** to do this weekend?
B1: 家にいるだけと思います。	I think I'**ll** just stay home.
B2: 友達とカラオケに行きます。	I'**m going to** karaoke with some friends.
ことわざ 時間がたたないと分からない。	Only time **will** tell.

32

Vocabulary

everything すべてのこと［もの］　probably 恐らく，たぶん(◆「十中八九は」の意味で，起こる確率が非常に高い)　pass〈試験などに〉合格する　driving test 運転免許試験　make it 成功する　soon すぐに，まもなく　do one's best 最善を尽くす　email ～ ～にEメールを送る　later 後で　propose〈人に〉結婚を申し込む，プロポーズする　Thanks. ありがとう(◆Thank you. よりもくだけた言い方)　arrive 到着する　study abroad 留学する(◆abroad は「外国で」という意味の副詞)　the U.K. 英国，連合王国(◆U.K. は United Kingdom の略語)

【Notes】

- in 20 minutes で使われている in は，「～の中に」という意味ではなく，「～(の時間が)たてば」「～後に」という意味。

解　説

1. 未来形

未来のことを表すには，will を使う場合と，be going to を使う場合の２つがある。

＜will ＋ 動詞の原形＞

＜be going to ＋ 動詞の原形＞　＊ be の部分は，主語に応じて am, are, is を使い分ける。

2. will が表す３つの意味

⑴ 時が経てば確実にそうなること」，「自然の成り行きでそうなること」を表す。

My father **will** be fifty next month. （父は来月で 50 歳になります）

⑵ 未来に関する話し手の予想・期待・推測などを表す。

You **will** get well soon. （あなたはすぐに良くなるでしょう）

⑶「今後やるという意志」，「その場で決めた意志」を表す。

I'**ll** call you tonight. （今晩，電話します）

3. be going to が表す２つの意味

⑴ 主語の意図・計画を表す。 「～するつもりだ」

その場で思い立ったことではなく，前もって考えていた意図・計画を表す。

I **am going to** play tennis tomorrow. （明日はテニスをするつもりです）

⑵ 相手の意志や意図をたずねる。 「～するつもりですか」

Are you **going to** take Professor Suzuki's class? （鈴木教授の授業を取るつもりですか）

4. will と be going to の違い

will は「その場で決めたこと」，be going to は「以前から決めていたこと」を表す。

＊ Expressions の最後の会話例を参照。

5. will の否定文・疑問文の作り方

＜主語 ＋ will not [won't] ＋ 動詞の原形 ～ . ＞の語順。

＜ Will ＋ 主語 ＋ 動詞の原形 ～ ? ＞の語順。

＜疑問詞 ＋ will ＋ 主語 ＋ 動詞の原形 ～ ? ＞の語順。

6. be going to の否定文・疑問文の作り方

＜主語 ＋ be (am, are, is) ＋ not going to ＋ 動詞の原形 ～. ＞の語順。

＜ Be (Am, Are, Is) ＋ 主語 ＋ going to ＋ 動詞の原形 ～? ＞の語順。

＜疑問詞 ＋ be (am, are, is) ＋ 主語 ＋ going to ＋ 動詞の原形 ～? ＞の語順。

7. be going to の後に go，come がくる場合

go，come がくる場合は，I'm going to go [come]. も間違いではないが，I'm going [coming]. とするほうがふつう。

I'**m going to** Sapporo next month. （来月札幌に行くつもりです）

比較 I'**m going to** go to Sapporo next month.

基本問題

1 (　　) に will か be going to を入れて，会話を完成させなさい。be going to の be の部分は，主語に応じて am, are, is のいずれかを使いなさい。

1) Student 1: I (　　　　　　　) call you tonight.
   Student 2: OK. Talk to you later.

2) New Friend 1: I (　　　　　　　) be 19 next month.
   New Friend 2: Congratulations! Are you going to have a party?

3) Student 1: What are you and Kenta going to do after this class?
   Student 2: We (　　　　　　　) study at the library. Do you want to come?

4) Son: I'm hungry.
   Father: I (　　　　　　　) make you a sandwich.

5) Customer: I think I (　　　　　　　) take this.
   Salesclerk: Thank you. Do you need a bag?

6) Friend 1: What are your plans for this evening?
   Friend 2: I (　　　　　　　) meet a friend for dinner.

2 (　　) に will または won't を入れて，文または会話を完成させなさい。

1) It's a good movie. I'm sure you (　　　　　　　) like it.
2) Let's go to karaoke tomorrow. I (　　　　　　　) invite David, too.
3) I'm sorry I overslept. I (　　　　　　　) be late again.
4) My sister moved to Osaka. I (　　　　　　　) see her again until Golden Week.
5) Don't worry, Emma. I think Eita (　　　　　　　) arrive soon.
6) Father: You don't need an umbrella. It (　　　　　　　) rain today.
   Son: OK. Thanks.
7) Student 1: Maybe I (　　　　　　　) go to school tomorrow.
   Student 2: Again? You were absent last week, too.
8) Husband: Are you ready to go?
   Wife: Not yet. I (　　　　　　　) be ready in 10 minutes.

1 (　　) に will, won't または be going to を入れて，会話を完成させなさい。be going to の be の部分は，主語に応じて am, are, is のいずれかを使いなさい。

1) Friend 1: Let's go for a drive. I (　　　　　　　) pick you up at 9 tomorrow morning.

Friend 2: That's too early! Ten is better.

2) Student 1: I'm thirsty.

Student 2: There's a vending machine over there. I (　　　　　　　) buy you a drink.

3) Friend 1: What is your brother going to do after he graduates from high school?

Friend 2: He (　　　　　　　) study economics at a university in Tokyo.

4) Son: Can I get a new smartphone?

Mother: We (　　　　　　　) have any money for that until next month.

2 次の日本文を英語で表現しなさい。

1) 君の夢はいつか実現するだろう。　＊〈夢などが〉実現する＝ come true

____

2) A: 今年の夏は何をするつもりですか。

____

B: 自動車学校に通うつもりです。運転免許を取りたいんです。

____

3 真由美さんと交換留学生のジョンさんが話をしています。音声を聞いて，次の質問に対する答えを英語で書きなさい。

33

1) What are John's plans for the weekend?

____

2) Who is going to the *onsen* with Mayumi?

____

3) Besides sitting in the *rotenburo*, what else is Mayumi going to do at the *onsen*?

____

Unit 11　助動詞 (1)

34

Expressions

私は車を運転できる。	I **can** drive a car.
がんばって，君ならできるよ。	Come on, you **can** do it!
陽子は英語を流暢に話せる。	Yoko **can** speak English fluently.
彼は速く走れない。	He **can't** run fast.
お礼の言葉もございません。	I **can't** thank you enough.
「マクドナルド」を正しく発音できますか。	**Can** you pronounce "McDonald's" correctly?
夏の終わりまでに泳げるようになるでしょう。	You **will be able to** swim by the end of the summer.
彼は今年，卒業できないだろう。	He **won't be able to** graduate this year.
若い時，彼はとても速く走ることができた。	When he was young, he **could** run very fast.
私は疲れていたが，眠れなかった。	I was tired, but I **couldn't** sleep.
赤信号では止まらなければいけません。	You **must** stop at the red light.
毎日この薬を服用しなければいけません。	You **must** take this medicine every day.
遅くなってきたな。家に帰らないと。	It's getting late. I **must** go home.
お手洗いでたばこを吸ってはいけない。	You **mustn't** smoke in the restroom.
明日は早起きしなければならない。	I **have to** get up early tomorrow.
日本では家の中では靴を脱がなければならない。	In Japan, you **have to** take off your shoes in a house.
この前の週末は働かなければならなかった。	I **had to** work last weekend.
君は謝る必要はないよ。	You **don't have to** apologize.
マラソンを走るために，一生懸命練習しなければならないだろう。	I **will have to** practice hard to run a marathon.
A: お出でいただけて嬉しいです。	I'm glad you **could** come.
B: ありがとうございます。運よく，予定を変更することができました。	Thank you. Fortunately, I **was able to** change my plans.
A: 明日また来なければいけないですか。	**Must** I come again tomorrow?
B: いいえ，その必要はありません。	No, you **don't have to**.
ことわざ 馬を水辺に連れて行くことはできても，水を飲ませることはできない。	You **can** lead a horse to water, but you **can't** make it drink.

35

Vocabulary

fluently 流暢に　thank ~ ~に感謝する　enough 十分に　pronounce ~ ~を発音する　McDonald's マクドナルド（米国のハンバーガーチェーン店）　correctly 正しく　by the end of ~ ~の終わりまでに　graduate 卒業する　the red light 赤信号　medicine 薬　get late 遅くなる　restroom お手洗い，化粧室　early 〈時間・時期が〉早く　take off ~ ~を脱ぐ　apologize 謝る，わびる　practice 練習する　fortunately 運よく，幸運にも　plan 計画，予定　lead （手または綱を取って）~を連れて行く

解　説

1. 助動詞とは

助動詞とは，文字通り**動詞を助け**，可能・義務・必要などいろいろな意味を付け加える働きをする。動詞の一種だが，動詞とは違った次のような特徴がある。

◆ ＜助動詞 ＋ 動詞の原形＞の形で使う。
◆ 主語が３人称・単数・現在でも，-s や -es はつかない。
◆ 現在形と過去形の２つの形しかない。
◆ 疑問文や否定文で do を用いない。
　　疑問文－助動詞を主語の前に出す
　　否定文－助動詞の後に not を入れる

2. 能力を表す can

現在形	肯定	I **can** speak Chinese.	～できる
	否定	I **can't** [**cannot**] speak Chinese.	～できない
過去形	肯定	I **could** speak Chinese five years ago.	～できた
	肯定	I **was able to** visit China last year.	～できた
	否定	I **couldn't** [**could not**] speak Chinese five years ago.	～できなかった
未来形	肯定	I **will be able to** speak Chinese next year.	～できるだろう
	否定	I **won't** [**will not**] **be able to** visit China this year.	～できないだろう

＊「能力があって, 実際にその動作を行った」という, 過去の１回の動作［行為］を表す場合には, was able to を使う。ただし，この区別は肯定文の時だけで，否定文ではこの区別はしない。

3. 義務・必要を表す must

現在形	肯定	You **must** wear a uniform to school. You **must** take this medicine every day.	((義務・必要)) ～しなければならない
	否定	You **mustn't** [**must not**] smoke in the restroom.	((禁止)) ～してはいけない，～するな
過去形	肯定	I **had to** clean my room yesterday.	～しなければならなかった (must には過去形がないので，had to を使う)
未来形	肯定	I **will have to** practice hard to run a marathon.	～しなければならないだろう (will など他の助動詞と一緒に must は使えないので，未来のことは will have to で表す)

＊ Must I ～？(～しなければなりませんか) に対しては，肯定なら must で答えるが，否定する時は don't have to か don't need to で答える。

4. 義務・必要を表す have to

現在形	肯定	I **have to** study for the test tomorrow.	～しなければならない
	否定	I **don’t have to** take the train to university. I can walk.	～する必要はない
過去形	肯定	I **had to** work last Saturday.	～しなければならなかった
	否定	I **didn’t have to** go to school today. The teacher was sick.	～する必要はなかった
未来形	肯定	Jun **will have to** study hard to get into university.	～しなければならないだろう
	否定	We **won’t** [**will not**] have to leave early tomorrow morning.	～する必要はないだろう

＊ have to は動詞の原形の前につけて，助動詞のように使われる。

5. must と have to の違い

● must は規則や法律によって定められた義務を表す。

You **must** stop at the red light.　（赤信号では止まらなければならない）

● must は話し手が，自分の立場や権限から相手に何かを強制する場合に用いられることが多い。この場合，話し手は医者，教師，警察官などであることが多い。

Doctor: You **must** stop smoking.　（たばこをやめなければいけませんよ）
Patient: Really? I **have to** stop smoking?
（本当ですか。たばこをやめなければいけないんですか）

＊ 上の会話の have to には，「（本当はたばこをやめたくないが）やめなければならない」という含みがある。

● have to は「周囲の事情でそうしなければならない」という含みがあるので，話し手の命令的な意思を表す must よりも響きが柔らかい。

In Japan, you **have to** take off your shoes in a house.
（日本では，家の中で靴を脱がなければならない）

● 主語が１人称の場合は，話し手の決意を表す時に must が用いられることが多い。

I **must** study English.　（英語を勉強しなければ！）

＊ I **have to** study English. との意味の違いは，次ページ上のコラムを参照。

6. must not と don’t have to の違い

● must not は「～してはならない」という「禁止」を意味し，don’t have to は「～する必要はない」という「不要」を意味する。意味が異なるので注意が必要。

You **mustn’t** come to school tomorrow.　（明日学校に来てはならない）
You **don’t have to** come to school tomorrow.　（明日学校に来る必要はない）

“I have to study English.” と “I must study English.” は同じ意味？

日本語に訳すと，共に「～しなければならない」になる have to と must。しかし，この２つの語句を１人称のＩと一緒に使うと，英語のネイティブ・スピーカーに伝わる気持ちはほぼ正反対になるので注意が必要です。例えば，あなたの英語学習に対する気持ちは，“I have to study English.” と “I must study English.” のどちらでしょうか。この２つの表現の意味と音声上の違いは，以下の文章を読むと分かります。

36

“I have to study English.” “I must study English.” To many Japanese students of English, these two sentences mean the same thing. Actually, they mean almost the opposite to a native speaker. The first sentence means that you don’t really want to study English, but find it necessary. Maybe you need it to pass the university entrance exam or get credit to graduate from college. In that case, you should say it in a kind of tired voice. On the other hand, the second sentence means that you really want to study English. Perhaps you want to talk with an interesting new foreign friend or maybe your plan is to live abroad. In that case, you should say it in a very enthusiastic voice with the accent on “must.” “I MUST study English.”

can, will, must が使われた名スピーチ

皆さんは 2014 年にノーベル平和賞を受賞したマララ・ユスフザイ（Malala Yousafzai）さんを知っていますか。2013 年７月 12 日にニューヨークの国連本部で行われた彼女の有名なスピーチの一部を紹介します。彼女のスピーチ映像は YouTube で見ることができます。

37

No one **can** stop us. We **will** speak for our rights and we **will** bring change through our voice. We **must** believe in the power and the strength of our words. Our words **can** change the world.

（だれにも私たちを止めることはできません。私たちは自分たちの権利のために声を上げ，私たちの声を通じて変化をもたらすのです。自分たちの言葉の力と強さを信じなければなりません。私たちの言葉は世界を変えられるのです。）

基本問題

1 (　　) に can, can't, could のいずれかを入れて，文または会話を完成させなさい。

1) I can drive a car, but I (　　　　　　) fly a plane.

2) Andy (　　　　　　) speak some Japanese, but he can't write it.

3) The child is only three years old, but she (　　　　　　) read kanji.

4) His uncle (　　　　　　) swim 10 kilometers when he was young.

5) Friend 1: Let's talk over a cup of coffee.

Friend 2: I (　　　　　　) right now. Let's try tomorrow.

2 日本文に合う英文になるように，(　　) 内から適切な語句を選びなさい。

1) すみません , 電話がちょっと遠いのですが。

Sorry, I (won't, can't) hear you very well.

2) 図書館の中では静かにしなければならない。

We (must, had to) be quiet in the library.

3) 私は車を持っていないので，電車を利用しなければならない。

I don't have a car, so I (will, have to) use the train.

4) 私は本当にオーストラリアで暮らしたいので，英語を勉強しなければならない。

I really want to live in Australia, so I (won't, must) study English.

3 次の各文を指示に従って書きかえなさい。

1) I have to study for the test tonight. (tonight を last night に)

____

2) You must go there. (「そこへ行く必要はない」という意味の文に)

____

3) We must leave early tomorrow morning.

(「明日の朝，早く出発しなければならないだろう」という意味の文に)

____

4) Students can borrow books for two weeks. (下線部をたずねる疑問文に)

____

発展問題

1 下の囲みの中から適語を選び，会話を完成させなさい。同じ語を 2 回使わないこと。

1) Student 1: Can you (　　　　　　　)?

Student 2: Yes, but not so well. I need to practice more.

2) Customer: Excuse me, do I have to pay for WiFi?

Server: No, you can (　　　　　　　) the Internet for free here.

3) Husband: Do you know where my glasses are? I can't (　　　　　　　) them.

Wife: I think I saw them in the kitchen.

4) Friend 1: I couldn't (　　　　　　　) last night because of the heat.

Friend 2: Me neither. I can't wait for summer to end.

5) John: Hi, Mayumi. How about going to the movies tonight?

Mayumi: Hi, John. Sorry, I have to (　　　　　　　) on my PowerPoint presentation.

find	sleep	access	snowboard	work

2 日本文に合うように，英文を完成させなさい。

1) コンピューター室で食事をしてはならない。　＊You で文を始める。

____

2) 電気のない生活を想像できますか。　＊電気= electricity

Can you ______________________________

3) 私たちは地球の未来のために何ができるだろうか。

______________________________ the future of this planet?

3 奈々さんと太一さんが話をしています。音声を聞いて，次の質問に対する答えを英語で書きなさい。

38

1) What does Taichi want to do in four months?

____

2) According to Nana, how many days a week must Taichi run for the training?

____

3) What should Taichi not eat?

____

Unit 12　助動詞 (2)

39

Expressions

約束は守るべきだ。	You **should** keep your promise.
彼は新しい服を買ったほうがよい。	He **should** buy some new clothes.
そんなに速く運転すべきじゃない。	You **shouldn't** drive so fast.
私は今晩映画に行くかもしれない。	I **might** go to a movie tonight.
彼は数学のテストに合格しないかもしれない。	He **might not** pass the math test.
今日は早く帰ってよろしい。	You **may** leave early today.
この建物に入ってはいけません。	You **may not** enter this building.
ここに駐車してもいいですよ。	You **can** park here.
ここでたばこを吸ってはいけません。	You **can't** smoke here.
彼女が今，家にいるはずがない。	She **can't** be home now.
A: 俺，午前3時まで起きてたんだ。	I stayed up until 3 a.m.
B: うわー。さぞかし疲れてるでしょう。	Wow! You **must** be tired.
A: 手伝ってもらえますか。	**Can you** help me?
B: ごめん。今ちょっと忙しいんだ。	Sorry. I'm a little busy right now.
A: もう一度言っていただけませんか。	**Could you** say that again?
B: もちろんです。テストは今度の月曜日です。	Of course. The test is next Monday.
A: のりを借りてもいいですか。	**Can I** borrow your glue stick?
B: ええ，もちろん。どうぞ。	Sure. Here you are.
A: これを試着してもよろしいですか。	**May I** try this on?
B: もちろんです。試着室は向こうです。	Sure. The fitting room is over there.
A: 別のクラスに移ってもよろしいでしょうか。	**Could I** move to a different class?
B: いいえ。あいにくできません。	No. I'm afraid you can't.
A: 窓を開けましょうか。	**Shall I** open the window?
B: はい，開けてください。	Yes, please do.
A: 休憩しましょうか。	**Shall we** take a break?
B: はい，コーヒーを飲みましょう。	Yes, let's have a coffee.

40

Vocabulary

keep one's promise 約束を守る(◆keep one's word ともいう)　clothes 衣服（◆発音注意）　enter ~ ~に入る　building 建物，ビル　smoke たばこを吸う　stay up（寝ないで）起きている　right now ただ今，現在　borrow ~ ~を借りる　glue stick スティックのり　try on ~ ~を試着する(◆~に it, this などの代名詞が入る場合は，try ~ on だけが正しい形)　fitting room 試着室　I'm afraid 残念ながら，あいにく(◆表現を和らげるために用いる)　take a break 休憩する(◆have a break ともいう)

解　説

1. 助動詞の意味と用法

主語	助動詞	動詞	意味	用法
I You He など	must	原形	～に違いない	動詞は be 動詞が使われるのがほとんどである。
	should		～すべきである ～したほうがよい	must よりも意味が弱く，しばしば勧告の意味でも使われる。
	might may		～かもしれない	北米（アメリカ・カナダ）の英語では，可能性・推量には may はあまり用いず，もっぱら might を用いる。
	may		～してもよい	You may ～は「許可してやる」と権威的に聞こえるので，注意が必要。「～してはいけない」という不許可は may not ～だが，強く禁止する場合は must not [mustn't] ～を用いる。
	can		～してもよい	口語では You can ～をよく用いる。

● 否定文の作り方… 助動詞の後に，not を入れる。ただし，「～に違いない」の意味の must の否定は，must not（～してはいけない）ではなく，cannot（～であるはずがない）で表す。

That **must** be true.（それは本当に違いない）

That **cannot** [**can't**] be true.（それは本当であるはずがない）

2. 助動詞を使った慣用表現

助動詞＋主語	動詞	意味	用法
Can you	原形 ～?	～してくれませんか	親しい人の間の依頼で用いる。
Could you		～していただけますか	Can you ～? よりも丁寧な言い方。
Can I		～してもいいですか	親しい間柄で用いられることが多い。気軽な表現であるが，ふつうの状況なら失礼にあたることはない。
May I		～してもよろしいですか	Can I ～? よりも丁寧な言い方。面識のない人や目上の人に対しては，この形を用いたほうがよい。
Could I		～してもよろしいですか	Can I ～? よりも丁寧な言い方で，「できれば」という気持ちが含まれる。
Shall I		(私が) ～しましょうか	自分の行動について相手の意向を尋ねる。
Shall we		(一緒に) ～しましょうか	相手の意向を尋ねながらの控えめな提案。

基本問題

1 (　　) に must か might のいずれかを入れて，会話を完成させなさい。

1) Friend 1: You (　　　　　　) be tired after your long flight.
   Friend 2: I am. I left Boston 18 hours ago.

2) Coworker 1: What are you doing this weekend?
   Coworker 2: I'm not sure. I (　　　　　　) go fishing.

3) Student 1: I was able to pass my driving test yesterday.
   Student 2: Wonderful! You (　　　　　　) be very happy!

2 日本文に合う英文になるように，(　　) 内から適語を選びなさい。

1) 入ってもよろしいですか。
   (Must, May) I come in?

2) この教室でお昼ごはんを食べてもいいですか。
   (Can, Must) I eat lunch in this classroom?

3) テストが終わったら，帰宅してよろしい。
   When you finish the test, you (will, may) go home.

4) 彼はおなかがすいているはずがない。昼ご飯を食べたばかりだよ。
   He (must, can't) be hungry. He just ate lunch.

5) もし留学したければ，君はもっと一生懸命英語を勉強すべきだ。
   If you want to study abroad, you (should, may) study English harder.

3 日本語のヒントを参考にして，各文の [　　] 内の語句を適切に並べかえなさい。

1) [water / a glass / have / I / of / can]? (のどが渇いている時に言う)

   ____

2) [here / I / take / may / pictures]? (写真撮影の許可を得たい時に言う)

   ____

3) [meet / we / at / shall / six]? (待ち合わせ時間を提案する時に言う)

   ____

4) [5,000 yen / lend / you / me / could]? (お金を貸してほしい時に言う)

   ____

5) [turn / you / the / can / on / air conditioner]? (エアコンをつけてほしい時に言う)

   ____

発展問題

1 (　　) に might か should のいずれかを入れて，会話を完成させなさい。

1) Visitor to Japan: (　　　　　　) we tip the server?

Japanese Friend: No. You don't have to tip the servers in Japan.

2) Friend 1: What kind of car are you going to buy?

Friend 2: I'm not sure yet. I (　　　　　　) buy a Honda.

3) Father: You (　　　　　　) spend less time on social media.

Daughter: But I want to be a YouTuber!

2 次の語句を並べかえて，日本文に合う英文を作りなさい。

1) 君は彼に電話して，謝るべきだ。

[him / you / apologize / call / should / and].

____

2) あなたのかばんを１つ運びましょうか。

[bags / you / your / one / carry / I / shall / of / for]?

____

3) 私たちのチームはその試合に勝てるかもしれない。

[game / win / our / able / might / team / be / to / the].

____

4) すべての学生に大学教育を無償にしたほうがよいだろうか。

[be / education / free / should / university] for all students?

____

3 秀樹さんと真由美さんが話をしています。音声を聞いて，次の質問に対する答えを英語で書きなさい。

41

1) Where does Hideki want to go with Mayumi?

____

2) What time do they decide to meet?

____

3) In the end, what does Hideki ask?

____

Unit 13 名詞・冠詞

42

Expressions

私は学生です。	I am **a student.**
私たちは学生です。	We are **students.**
私は風邪を引いています。	I have **a cold.**
私はアルバイトをしています。	I have **a** part-time **job.**
フランスはヨーロッパの国です。	France is **a** European **country**.
トムはアメリカ人の学生です。	**Tom** is **an** American **student.**
知識は力なり。	**Knowledge** is **power**.
日本は経済大国です。	**Japan** is **an** economic **power.**
私たちのクラスは小さい。	Our **class** is small.
私は猫が好きです。	I like **cats.**
彼はめがねをかけている。	He wears **glasses.**
うちには犬が２匹います。	We have two **dogs.**
私は毎朝コーヒーを１杯飲む。	I have **a cup of coffee** every morning.
１つ，アドバイスしてもいい？	May I give you **a piece of advice**?
彼女はワインを３杯飲んだ。	She drank **three glasses of wine**.
私たちは水なしでは生きていけない。	We cannot live without **water.**
人生は時につらい。	**Life** is sometimes hard.
ご親切は決して忘れません。	I will never forget your **kindness.**
健康は富に勝る。	**Health** is better than **wealth.**
あなたに良い知らせがあります。	I have some good **news** for you.
今日は銀行に行く必要がある。	I need to go to **the bank** today.
私はいつか世界一周旅行をしたい。	I want to travel around **the world** someday.
太陽は東から昇る。	**The sun** rises in **the east.**
A: 車を持っていますか。	Do you have **a car**?
B: はい。向こうにある赤い車です。	Yes. It's **the** red **car** over there.
A: 昨日の花火見物は楽しかった？	Did you enjoy **the fireworks** yesterday?
B: はい。天気は最高でした。	Yes. **The weather** was perfect.
ことわざ 苦労なければ，成果なし。（苦は楽の種）	No **pain,** no **gain.**

43

Vocabulary

European ヨーロッパの，欧州の　knowledge 知識　power 力；大国，強国　economic 経済の，経済上の　glasses めがね　advice 助言，アドバイス　glass コップ，グラス；（コップ・グラスの）1杯分の量　hard つらい，耐えがたい　kindness 親切，思いやり　health 健康　wealth 富，財産　news 知らせ（◆aをつけず単数扱い）　want to *do* ～したい　travel 旅行する　someday いつか　fireworks 花火　perfect 最適の，うってつけの　pain 苦痛　gain 利益

解　説

1. 名詞の種類

名詞は「数えられる名詞」と「数えらない名詞」とに大別される。さらに，名詞の表す意味によって，普通名詞・集合名詞・物質名詞・抽象名詞・固有名詞の 5 つに分けられる。

数えられる名詞（辞書の記号は[C]）	数えられない名詞（辞書の記号は[U]）
普通名詞：dog, book, desk, apple, father 集合名詞：family, class, people, staff, team	物質名詞：water, coffee, air, ice, sugar 抽象名詞：peace, health, love, kindness 固有名詞：Miyuki, Tom, Japan, Canada

2. 名詞の数と複数形

- 数えられる名詞は，必ず単数形と複数形の区別をする。単数形には a, an をつける。
- 複数形は，ふつうは単数形の語尾に -s か -es をつける。
- 語尾に -s か -es をつけずに複数形を作る名詞もある。

  man（男性）→ m**en**　　child（子ども）→ child**ren**　　fish（魚）→ fish
- 物質名詞の数量を表す時は，＜単位・容器を表す語 ＋ of ＋ 物質名詞＞の形にする。

  a loaf of bread （パンひと塊）　　**a sheet [piece] of** paper （1 枚の紙）

  a cup of tea （紅茶 1 杯）　　**two bottles of** wine （ワイン 2 本）
- 抽象名詞を数える場合，＜数詞 ＋ piece(s) of ＋ 抽象名詞＞の形で表すものもある。

  a piece of advice （1 つの助言）　　**two pieces of** information （2 つの情報）

3. 冠詞の種類

a, an, the の 3 つを冠詞という。a, an は不特定の 1 つのものを指す名詞につけて，the は特定のものを指す名詞につける。

4. 冠詞の基本用法

(1) **a, an** 「1 つの」という意味を表すが，ふつうは日本語に訳さなくてもよい。初めて話題にのぼる名詞の前につく。次に来る語が母音で始まる時は，an を使う。

注意「1 時間」を an hour と表現するのは，hour は語頭の [h] を発音せず，母音で始まる語だからである。最初の文字で判断しない。　× a hour

(2) **the** 「その」という意味を表し，前に一度話題にのぼった名詞を指す場合や，周囲の状況から特定できる場合に用いる。また，the world（世界），the moon（月）のように，この世に 1 つしかないものにも the をつける。

正しい英語で表現しよう！

「私はレストランのスタッフです」を I'm a staff at a restaurant. や I'm a restaurant staff. のように言うと，意味は通じますが，文法的に正しくありません。staff は「職員」「従業員」を表す集合名詞で，常に複数の人を指すからです。主語が単数の時は，I'm a staff member at a restaurant. のように言います。「空港のグランドスタッフになりたい」は，I want to be a ground staff member at an airport. のように言います。

基本問題

1 次の各文の（　　）内から適語を選び，文を完成させなさい。

1）She's (a, an) interesting person.

2）Do you like (a dog, dogs)?

3）(A, The) moon is very bright tonight.

4）Can you close (window, the window)?

5）Linda is (a, an) honest girl.

6）This is (a, an) useful book.

2 次の各文の（　　）内に，a, an のいずれかを入れ，文を完成させなさい。冠詞が不要な場合は，×を書きなさい。

1）Is there (　　　　) bank near here?

2）Japan is the birthplace of (　　　　) judo.

3）Tokyo is the capital of (　　　　) Japan.

4）I'm a little short of (　　　　) money these days.

5）Naomi usually eats (　　　　) apple for (　　　　) lunch.

3（　　）に適語を入れて，日本文に合う英文を完成させなさい。

1）千田夫妻には息子さんが３人います。

Mr. and Mrs. Chida have (　　　　) (　　　　).

2）先生は私に２つの助言をしてくれた。

My teacher gave me (　　　　) (　　　　) (　　　　) advice.

3）今日は宿題がたくさんある。

I have a (　　　　) (　　　　) (　　　　) today.

4）空には雲ひとつなかった。

There wasn't a cloud in (　　　　) (　　　　).

5）彼女は今朝，紅茶を１杯飲んだ。

She had (　　　　) (　　　　) (　　　　) tea this morning.

6）世界で最も小さい国はどこですか。

What is (　　　　) smallest country in (　　　　) (　　　　)?

発展問題

1 下の囲みの中から適語を選び，会話を完成させなさい。囲みの中の単語はすべて単数形なので，数えられる名詞の場合は a や an を足したり，必要に応じて複数形に変えなさい。同じ単語を２回使わないこと。

1） Student 1: Do you have any plans for the future?
Student 2: Yes. I want to work in (　　　　　　).

2） Friend 1: What does your sister's company do?
Friend 2: They develop computer (　　　　　　).

3） Teacher: Anyone! What is the answer to question 3?
Student: I have (　　　　　　).

4） Customer: There is (　　　　　　) in my soup.
Server: I'm sorry. I'll bring you a fresh bowl right away.

5） Student 1: I'm interested in growing (　　　　　　) without soil.
Student 2: Can you actually do that?

idea	vegetable	hospital	software	hair

2 次の語句を並べかえて，日本文に合う英文を作りなさい。

1） コンピューターの知識がこの仕事には重要だ。
[this / important / for / is / knowledge / job / computer].

____

2） 世界にはおよそ 6,000 の言語がある。
[6,000 languages / world / there / in / about / the / are].

____

3） スマートフォンは私たちの生活を本当に向上させるのだろうか。
[smartphones / lives / really / do / our / improve]?

____

3 太一さんと真由美さんが話をしています。音声を聞いて，次の質問に対する答えを英語で書きなさい。

44

1） When did Taichi come back to Japan?

____

2） How many meanings does "kiwi" have?

____

3） What does a kiwi bird look like?

____

Unit 14 代名詞

45

Expressions

彼らはニュージーランド出身です。	**They** are from New Zealand.
これは私の自転車です。	This is **my** bicycle.
この自転車は私のものです。	This bicycle is **mine**.
あれは彼のオートバイです。	That's **his** motorcycle.
彼女の新しいボーイフレンドは大地です。	**Her** new boyfriend is Daichi.
彼のお父さんは公務員です。	**His** father is a public servant.
秀樹は私の友達です。	Hideki is a friend of **mine**.
日本では，家の中では靴を脱がなければならない。	In Japan, **you** have to take off your shoes in a house.
カナダでは英語とフランス語を話します。	**They** speak English and French in Canada.
今日は晴れだ。	**It**'s sunny today.
私はころんで，けがをした。	I fell down and hurt **myself**.
彼女は自分でそのケーキを焼いた。	She baked the cake **herself**.
私は一人暮らしがしたい。	I want to live **by myself**.
私は一人の時，時々ひとりごとを言う。	When I'm alone, I sometimes talk to **myself**.
横浜の人口は大阪の人口よりも多い。	The population of Yokohama is larger than **that** of Osaka.
私の親は両方とも働いています。	**Both** of my parents work.
だれでも間違える。	**Everyone** makes mistakes.
A: タブレット・コンピューターを持っていますか。	Do you have a tablet computer?
B: はい，持っています。	Yes, I have **one**.
A: これはだれのスーツケースですか。	**Whose** suitcase is this?
B: それは私のです。	It's **mine**.
A: どちらがあなたの傘ですか。	**Which** is your umbrella?
B: これが私の傘です。	**This** is my umbrella.
A: だれかこの質問に答えられますか。	Can **anyone** answer the question?
B: 私が答えられます。	I can.
ことわざ 表紙で本を判断するな。（人は見かけによらぬもの）	Don't judge a book by **its** cover.

46

Vocabulary

New Zealand ニュージーランド　motorcycle オートバイ, 単車(◆バイク(bike)は「自転車」の意味なので注意)　public servant 公務員　French フランス語　sunny 晴れた, 日が照って明るい　fall down ころぶ　hurt oneself けがをする　talk to oneself ひとりごとを言う　population 人口　make mistakes 間違える(◆間違いが1つの場合は, "make a mistake")　tablet computer タブレット・コンピューター　suitcase スーツケース　anyone（疑問文で）だれか　judge ~ ~を判断する　cover（本の）表紙

解　説

1. 人称代名詞

人や物を指す代名詞を「人称代名詞」という。→ p.5 参照

2. 人称代名詞の特別用法

⑴ we, you, they の特別用法

特定の人ではなく，漠然と「人」を指すことがある。この場合，特に訳さないことが多い。

We have a lot of snow here in winter.　（当地では冬にたくさん雪が降ります）

What do **you** call this flower in English?　（この花は英語で何と呼びますか）

What language do **they** speak in Brazil?　（ブラジルでは何語を話しますか）

⑵ it の特別用法

天候・時刻・距離・寒暖・明暗などを表す時は，It を主語にする。この It は「それは，それが」などと日本語には訳さない。→ Unit 7「it の特別用法」を参照

3. 所有代名詞の用法

所有代名詞は１語で＜所有格 ＋ 名詞＞の意味を表す。前に出た名詞を繰り返すのを避けるために用いる。

“Whose book is this?”　　“It’s **mine**.”

注意　所有格は a, this, some などと並べて使うことができないため，所有代名詞を使って，＜a [this, some] ＋ 名詞 ＋ of ＋ 所有代名詞＞の形にする。

Takako is **a friend of mine**.　（× Takako is a my friend.）

4. 再帰代名詞の用法

⑴ 目的語になって，自分の動作が自身に帰ってくることを表す。

Be careful, or you’ll hurt **yourself**.　（気をつけないと，けがをしますよ）

⑵「自分で」と意味を強める

Do it **yourself.**　（それは自分でやりなさい）

⑶ ＜前置詞 ＋ ～self＞の形で，いろいろな慣用句を作る。

She lives **by herself.**　（彼女は１人暮らしだ）

5. 指示代名詞

this（これ），that（あれ），these（これら），those（あれら）の４つがある。

6. 指示代名詞の用法

⑴ 場所的，時間的に近いものには this, these を，遠いものには that, those を使う。

⑵ that と those は同じ名詞の繰り返しを避けて，「（～の）それ」という意味で使われる。

＜that [those] of ～＞の形がふつう。

7. 不定代名詞，疑問代名詞　→ p.5 参照

正しい英語で表現しよう！

英語の辞書ではふつう，by oneself（ひとりぼっちで）などのように oneself を再帰代名詞の代表の形として使っています。しかし，実際には文の主語の人称・性・数に応じて形を変えて使います。

○ I live by myself.　× I live by oneself.

基本問題

1 次の文または会話の下線部に，（　　）内の人称代名詞を適当な形に変えて書きなさい。

［例］ ________ first name is Ken.（He）　正解：His

1） ____________ family name is Asada.（She）

2） How was ____________ weekend?（you）

3） Do you remember ____________?（he）

4） All of ____________ were kind to ____________ .（they, we）

5） Is this ____________ textbook or ____________?（I, you）

6） They know ____________ telephone number, but we don't know ____________ .（we, they）

7） Student 1: Do you like romantic movies?

Student 2: Yes, I do. I love ____________ .（they）

8） Teacher: Do you live by ____________?（you）

Student: No. I live with my family.

2 次の文の（　　）内から適語を選び，文を完成させなさい。

1） I had a sandwich for lunch. (It, One) was good.

2） I have a computer, but I want a new (it, one).

3） I don't like black cats. I like white (one, ones).

3 （　　）に適語を入れて，日本文に合う英文を完成させなさい。

1） 私たちは2人とも忙しい。

(　　　　　　)(　　　　　　) us are busy.

2） 彼は1人で北海道一周旅行をした。

He traveled around Hokkaido (　　　　　　)(　　　　　　).

3） 彼女は鏡で自分の姿を見ている。

She is looking (　　　　　　)(　　　　　　) in the mirror.

4） アメリカでは，肉とじゃがいもをたくさん食べる。

In America, (　　　　　　) eat a lot of meat and potatoes.

5） 当地では去年の冬は雪が多かった。

(　　　　　　) had a lot of snow last winter.

発展問題

1 （　　）に適当な代名詞を入れて，会話を完成させなさい。

1) Friend 1: We're going to a party tonight. Can you come with (　　　　　　)?
   Friend 2: Sure. Who else is going?

2) Baseball Player 1: Whose bat is this? Is it Shohei's?
   Baseball Player 2: No, it's not (　　　　　　). It's Mike's.

3) Person 1 at a party: I study at a university in Sapporo.
   Person 2 at a party: Really? Which (　　　　　　)?

4) Student 1: Can I borrow a mechanical pencil?
   Student 2: I don't have (　　　　　　). How about a ball-point pen?

5) Teacher: Let's start by introducing (　　　　　　).
   Student: OK. I'm Yukina. I'm from Shimane Prefecture.

2 次の語句を並べかえて，日本文に合う英文を作りなさい。

1) 彼の考え方は私の考え方に似ている。
   [similar / mine / is / way / thinking / of / to / his].

   ____

2) 日本の人口はインドの人口よりもずっと少ない。
   [Japan / India / population / smaller / is / much / the / that / than / of / of].

   ____

3) 日本では毎年，何人が自殺しますか。
   [people / kill / every / many / in / how / Japan / themselves / year]?

   ____

3 真由美さんと太一さんが電話で話をしています。音声を聞いて，次の質問に対する答えを英語で書きなさい。

47

1) What does Taichi ask?

   ____

2) Why did Taichi's smartphone battery run out?

   ____

3) How much battery does Mayumi's smartphone have?

   ____

Unit 15 前置詞

48

Expressions

私は毎朝7時に起きる。	I get up **at** seven every morning.
彼は朝早く出発した。	He left early **in** the morning.
すぐに戻ります。	I'll be back **in** a minute.
私はバスを20分待った。	I waited **for** the bus **for** 20 minutes.
彼女は月曜日から金曜日まで働く。	She works **from** Monday **to** Friday.
ここで5時まで待っていてください。	Please wait here **until** five.
正午までにここに来てください。	Please come here **by** noon.
部屋の前に来てください。	Please come **to** the front **of** the room.
彼は部屋の中にいた。	He was **in** the room.
彼は部屋の中へ入った。	He went **into** the room.
机の上の辞書は私のものです。	The dictionary **on** the desk is mine.
彼女は6月生まれです。	She was born **in** June.
彼女は6月28日生まれです。	She was born **on** June 28.
彼は夜，コンビニで働いている。	He works **at** a convenience store **at** night.
変化を恐れてはいけない。	Don't be afraid **of** change.
今回は夕食は私のおごりです。	Dinner is **on** me this time.
私はダイエットをしています。	I'm **on** a diet.
そんなふうに話すべきではない。	You shouldn't talk **like** that.
私の給料は時給1,500円です。	My pay is 1,500 yen **per** hour.
試合の前，選手たちは緊張していた。	The players were nervous **before** the game.
彼は2017年に台湾に初めて行った。	He went **to** Taiwan **for** the first time **in** 2017.
持続可能なエネルギーについて考えてみよう。	Let's think **about** sustainable energy.
私たちと一緒に来ませんか。	Why don't you come **with** us?
A: 大学へはどうやって行きますか。	How do you get **to** university?
B: 私はいつも電車で行きます。	I always go **by** train.
A: 日本を訪問するのは初めてですか。	Is this your first visit **to** Japan?
B: いいえ。これは2回目です。	No. This is my second visit.
ことわざ 父も父なら，息子も息子。（蛙の子は蛙）	**Like** father, **like** son.

49

Vocabulary

in a minute すぐに　wait for ~ ~を待つ　dictionary 辞書　June 6月　at night 夜に　be afraid of ~ ~を恐れている　on ~ （飲食費などが）~のおごりで　be on a diet ダイエットをしている　like ~ ~のように　pay 給料, 賃金　per ~ ~につき　nervous 緊張した　Taiwan 台湾　for the first time 初めて　sustainable 持続可能な　energy エネルギー（◆発音注意）　Why don't you ~? ~してはどうですか, ~しませんか　get to ~ ~へ到着する　visit 訪問

解　説

1. 前置詞とは

前置詞とは，名詞の**前**に**置**く**詞**（ことば）である。前置詞の後には，名詞，代名詞，動名詞などの名詞に相当する語句が入る。

2. 前置詞が作る句の働き

(1) 副詞としての働き

He arrived in Japan yesterday.

（彼は昨日，日本に到着した）

(2) 形容詞としての働き

The textbook on the desk is mine.

（机の上の教科書は私のものです）

3. 意味・用法による前置詞の種類

時を表す前置詞	at seven o'clock（7時に）　on Monday（月曜日に）　in July（7月に） in winter（冬に）　for a week（1週間の間）　before dinner（夕食の前に） until [till] noon（正午まで）「正午まで動作・状態が継続する」の意味 by noon（正午までに）「正午までに動作が完了する」の意味
場所を表す前置詞	at the airport（空港で）　in Osaka（大阪に）　on the wall（壁に） under the table（テーブルの下に）　above the hill（丘の上に）
その他の前置詞	by bus（バスで—手段を表す）　with a pen（ペンで—道具を表す） in English（英語で—言語を表す）　with Taro（太郎と一緒に） about Germany（ドイツについて）　per hour（1時間につき）

注意「時」を表す名詞の前に this, that, last, next, every などがある場合は，それだけで副詞の働きをする句になるので，前置詞は不要。

○ We played baseball this morning.（私たちは今朝，野球をした）

× We played baseball in this morning.　←前置詞の in は不要

○ I went shopping last Sunday.（私はこの間の日曜日，買い物に行った）

× I went shopping on last Sunday.　←前置詞の on は不要

4. 前置詞を含む連語

(1) 動詞＋前置詞

talk about ～　～について話す

listen to ～　～を聞く

call on ～　＜人を＞ちょっと訪ねる

look at ～　～を見る

look for ～　～を探す

call at ～　＜場所に＞ちょっと立ち寄る

(2) be 動詞＋形容詞＋前置詞

be kind to ～　～に親切である

be absent from ～　～を欠席する

be good at ～　～が得意である

be afraid of ～　～を恐れている

(3) 前置詞＋名詞

at home　家で

on foot　徒歩で

on time　定刻に

for example　例えば

at first　最初は

on one's way　途中で

in time　間に合って

by the way　ところで

基本問題

1 次の文の（　　）内から適語を選び，文または会話を完成させなさい。

1）Come back (by, until) 8:30.

2）The rain will stop (in, on) the afternoon.

3）I slept (for, at) 12 hours.

4）Father: I'm going to the supermarket now.

Daughter: Wait. I'll go (to, with) you.

5）Student: I was born (in, on) July.

Teacher: Me, too! How old are you?

6）Mother: How many classes do you have (in, on) Tuesday?

Son: I have one in the morning.

2 次の文の（　　）内から適語を選びなさい。また，できた文を日本語に直しなさい。

1）Let's go (with, to) the mall tomorrow.

(　　　　　　　　　　　　　　　　　　　　　　　　　　　　　　　　)

2）My father leaves home early (on, in) the morning.

(　　　　　　　　　　　　　　　　　　　　　　　　　　　　　　　　)

3）Professor Kimura's office is (on, for) the fifth floor.

(　　　　　　　　　　　　　　　　　　　　　　　　　　　　　　　　)

3（　　）に適当な前置詞を入れて，日本文に合う英文を完成させなさい。

1）10 分したら戻ります。

I'll be back (　　　　　　) 10 minutes.

2）何の話をしてるの？

What are you talking (　　　　　　)?

3）市役所は図書館とデパートの間にある。

The city hall is (　　　　　　) the library and the department store.

4）私は千葉に住んでいるが，東京の近くです。

I live (　　　　　　) Chiba, but (　　　　　　) Tokyo.

5）電車は午前 5 時から午前 1 時まで走っている。

The trains run (　　　　　　) 5 a.m. (　　　　　　) 1 a.m.

発展問題

1 (　　) に適当な前置詞を入れて，会話を完成させなさい。不要の場合は，×を書きなさい。

1) Friend 1: What time did you get up (　　　　　　) this morning?
   Friend 2: I got up at six o'clock.
2) Student 1: What did you eat for lunch?
   Student 2: I just had a salad. I'm (　　　　　　) a diet.
3) Boyfriend: How soon does the movie begin?
   Girlfriend: (　　　　　　) five minutes. Hurry up! Let's go!
4) Customer: How late are you open?
   Server: We're open (　　　　　　) 11.
5) Student 1: What are you good (　　　　　　)?
   Student 2: I can make music well.

2 次の語句を並べかえて，日本文に合う英文を作りなさい。ただし，各文とも前置詞が１つ不足しているので，自分で考えて入れなさい。

1) 日本では，電車はたいてい定刻での運行です。
   [Japan / trains / time / usually / are / in / the].
   ____
2) 私は帰宅途中に少し買い物をした。
   [some / home / I / shopping / way / did / my].
   ____
3) 美穂は彼に一目ぼれした。
   [him / Miho / first sight / fell / love / at / with].
   ____

3 書店を探している太一さんが，見知らぬ女性に道順を尋ねています。音声を聞いて，次の質問に対する答えを英語で書きなさい。

50

1) What is next to the train station?
   ____
2) What does Taichi have to do near the end of the mall?
   ____
3) Where will Taichi see the bookstore?
   ____

Unit 16 形容詞

51

Expressions

私は新しいギターがほしい。	I want a **new** guitar.
私は少し熱がある。	I have a **slight** fever.
よくやった［上出来です］！	You did a **good** job!
彼はエネルギッシュな人だ。	He's an **energetic** person.
私は私立［公立，国立］大学に通っている。	I go to a **private** [**public**, **national**] university.
彼女はいろいろな色の靴下を持っている。	She has socks in **various** colors.
彼はテレビで面白いものを見た。	He saw something **interesting** on TV.
私は宿題で忙しい。	I'm **busy** with my homework.
私は試験勉強で忙しい。	I'm **busy** studying for my exams.
時間です。（◆テストなどの終了の合図）	Time is **up**.
このワクチンは安全だ。	This vaccine is **safe**.
この電車は博多行きです。	This train is **bound** for Hakata.
この文は正しいですか。	Is this sentence **correct**?
彼女の助言は有益だった。	Her advice was **useful**.
その本は高くなかった。	The book wasn't **expensive**.
彼女は疲れているようだ。	She looks **tired**.
真紀は美しい黒髪をしている。	Maki has **beautiful black** hair.
日本はたくさんの石油を輸入している。	Japan imports **a lot of** oil.
彼はたくさん友達がいる。	He has **a lot of** friends.
彼にはたくさん友達がいない。	He doesn't have **many** friends.
彼には友達がほとんどいない。	He has **few** friends.
彼は勉強にほとんど興味がない。	He has **little** interest in studying.
私にはひとりもきょうだいがいない。	I have **no** brothers or sisters.
A: あの女の子はだれ？	Who is that girl?
B: 彩香だよ。彼女は親切で頭がいいんだ。	It's Ayaka. She's **kind** and **smart**.
A: コーヒーはいかがですか。	Would you like **some** coffee?
B: はい，お願いします。ありがとう。	Yes, please. Thanks.
ことわざ ゆっくりで着実なのが結局勝つ。（急がば回れ）	**Slow** and **steady** wins the race.

52

Vocabulary

slight（程度・量などが）わずかな　fever（病気の）熱　energetic 精力的な，エネルギッシュな　private 私立の　public 公立の　national 国立の　various いろいろな，様々な（◆発音注意）　exam 試験　vaccine ワクチン（◆発音注意）　safe 安全な　bound for ～ ～行きの　sentence 文　correct 正しい，正確な　useful 役に立つ，有益な　expensive 高価な，費用のかかる　import ～ ～を輸入する　oil 石油；油　smart 頭の良い，知的な（◆英語の smart には「ほっそりした」の意味はない）　steady 着実な

解　説

1. 形容詞の２つの用法

⑴ 限定用法（形容詞 ＋ 名詞／-thing ＋ 形容詞）

形容詞＋名詞

a **good** student （良い学生）　　an **exciting** game （はらはらする試合）

-thing＋形容詞

-thing で終わる語（something, anything, nothing, everything）を修飾する場合，その後にくる。

I want to drink something **cold.** （私は何か冷たいものが飲みたい）

⑵ 叙述用法（主語 ＋ be 動詞など ＋ 形容詞）

She is **smart.** （彼女は頭がいい）　She looks **happy.** （彼女は幸せそうに見える）

2. 数量形容詞

「多くの」「少ない」など，数や量を表す形容詞を「数量形容詞」という。

	「多い」	「少ない」	「いくらかの」	「ほとんどない」	「ない」
数えられる名詞〈数〉	many（a lot of）	a few	some（肯定文で）any（否定文で）	few	no
数えられない名詞〈量〉	much（a lot of）	a little		little	

⑴ **many** と **much**

- many, much は口語では疑問文・否定文で用いられ，肯定文では主語を修飾する時だけ用いられるのがふつう。
- 肯定文で主語以外の語を修飾する時は，a lot of や lots of などが多く使われる。これらは「数」にも「量」にも用いられる。

⑵ **few** と **little**

- a few, a little は少ないけれども「少しはある」という肯定的なとらえ方。few, little は「ほとんどない」という否定的なとらえ方。

⑶ **some** と **any**

- 原則として，some は肯定文で，any は否定文・疑問文・条件文でというように使い分ける。ただし，肯定の答えを期待する時や，人に物を勧める時は，疑問文でも some を使う。

正しい英語で表現しよう！

「私はきのうライブ（のコンサート）に行った」を I went to a live yesterday. のように言うのは誤りです。live という単語を [laiv] と発音するとき，それは形容詞または副詞です。形容詞の live は，放送・演奏などが「生の」「ライブの」という意味で，後ろに名詞が必要です。しかし，「コンサートに行った」と言えばそれはライブのコンサートに行ったことを意味するので，わざわざ live という単語を使わなくても自然な英語になります。

○ I went to a live concert yesterday.

○ I went to a concert yesterday.

基本問題

1 (　　) に適当な形容詞を右の囲みの中から選び，会話を完成させなさい。同じ単語を２回使わないこと。

1) Friend 1: Are you (　　　　　　)?
　Friend 2: No. I'm free right now.

2) Stranger 1: It's (　　　　　　) today.
　Stranger 2: Yes, and it's very windy, too.

3) Student 1: The lesson was (　　　　　　).
　Student 2: Really? I thought it was interesting.

4) Server: Are you (　　　　　　) to order?
　Customer: What's today's special, please?

5) Teacher: How was your weekend? Did you do anything (　　　　　　)?
　Student: No, I just stayed home and watched YouTube.

boring
special
cold
busy
ready

2 (　　) に適当な数量形容詞を入れて，会話を完成させなさい。

1) Visitor: Do (　　　　　　) people live in Saitama City?
　Tour Guide: Yes. There are a lot of people here.

2) Student 1: Can I borrow some money?
　Student 2: Sorry. I have very (　　　　　　) money right now.

3) Guest: This soup tastes good.
　Hostess: Glad to hear that. Would you like (　　　　　　) more?

4) Coworker 1: Can you help me? I have a lot of things to do.
　Coworker 2: Sorry. I'm afraid I don't have (　　　　　　) time.

3 次の語句を並べかえて，日本文に合う英文を作りなさい。

1) 私は大きな白いＴシャツを探しています。
　[large / T-shirt / a / white / looking / I / for / am].

　____

2) 私たちは多くの美しい滝を見た。
　[waterfalls / of / saw / beautiful / a / we / lot].

　____

3) 赤ん坊用の小さな赤いセーターはありますか。
　[babies / sweaters / red / have / little / you / for / do]?

　____

発展問題

1 (　　) に適切な形容詞を入れて，文または会話を完成させなさい。形容詞の最初の１文字または２文字はヒントとして示されています。

1) NHK is a (pu　　　　　　　) broadcaster in Japan.

2) LINE is a (fr　　　　　　　) communication app.

3) Universal Studios Japan in Osaka is a (po　　　　　　　) theme park.

4) That music is too (l　　　　　　　). Please turn it down.

5) You look (t　　　　　　　). Why don't you take a rest?

6) Student 1: What does "SDGs" stand for?

Student 2: (Su　　　　　　　) Development Goals.

7) Student 1: How was Akari's presentation?

Student 2: She looked a little nervous, but she did a (gr　　　　　　　) job.

2 次の語句を並べかえて，日本文に合う英文を作りなさい。

1) 今夜は何かいいテレビ（番組）ある？

[TV / anything / is / on / tonight / there / good]?

____

2) 大切なことには一生懸命取り組みなさい。

[important / at / hard / everything / work].

____

3) オンラインでの買い物は安全だと思いますか。

[online / you / safe / do / shopping / think / is]?

____

3 真由美さんと秀樹さんが，秋学期から新しく習うことになった英語の先生について話しています。音声を聞いて，次の質問に対する答えを英語で書きなさい。

53

1) Does Hideki like the English teacher? Why or why not?

____

2) Did Mayumi think the teacher was smart? How do you know?

____

3) Did Hideki like the English lesson? How do you know?

____

54

英語でアナウンスしよう！

皆さんの中には，通学時に電車，バスなどの公共交通機関で英語アナウンスを毎日耳にしている人もいるでしょう。ここでは飛行機を含めて，英語アナウンスの一部を紹介します。車掌や客室乗務員になったつもりで，英語でのアナウンスに挑戦してみてください。リスニング力の向上にも役立つでしょう。

～電車～

This train is bound for Chiba.

（この電車は千葉行きです）

The next station is Suidobashi. The doors on the right side will open. Please change here for the Toei Mita Line.

（次の停車駅は水道橋です。お出口は右側です。都営三田線はお乗り換えです）

Please set your mobile phone to silent mode and refrain from talking on the phone.

（携帯電話はマナーモードにして，通話はお控えください）

～新幹線～

Welcome to the Shinkansen. This is a Hikari Super Express bound for Shin-Osaka.

（新幹線をご利用いただきありがとうございます。この電車はひかり号，新大阪行きです）

Please do not smoke on this train.

（この列車は禁煙です）

～飛行機～

All passengers. We're ready for take-off. Please make sure that your seat belt is securely fastened. Thank you.

（皆さま，離陸いたします。シートベルトが緩みのないようしっかり閉まっていることを確認してください――離陸直前のアナウンス）

If you need any assistance, please contact a cabin attendant.

（ご用がありましたら，客室乗務員にお尋ねください）

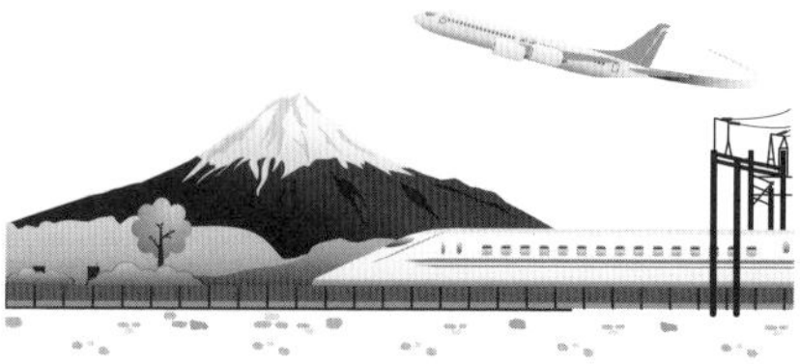

55

英語で聞いてみよう！

大学在学中に旅行や短期の語学研修などで海外へ行く人もいるでしょう。海外では無料で WiFi が使えると便利なので，遠慮せずにパスワードなどを聞きましょう。また，セキュリティー上の理由で，カフェやレストランのトイレに鍵がかかっている場合は，店員さんに開錠するための暗証番号（PIN，または PIN number という）を聞いたり，鍵を借りたりする必要があります。

～ WiFi 関連～

Do you have free WiFi here?

（ここには無料の WiFi はありますか）

May I have the WiFi password?

（WiFi のパスワードを教えてもらえますか）

～トイレの暗証番号～

May I have the PIN number for the bathroom?*1

（お手洗いの暗証番号を教えてもらえますか）

～トイレの鍵～

May I borrow the key to the bathroom?*2

（トイレの鍵をお借りできますか）

～その他，カフェやレストランの店内でよく使うフレーズ～

Are you in line?*3

（［この列に］並んでいますか）

May I use [borrow] this chair?

（この椅子を使ってもいいですか）

Where is the bathroom?

（お手洗いはどこですか）

*1 PIN = Personal Identification Number の略語
*2 PIN ではなく，ドアノブに直接差し込む鍵を借りる場合。
*3 注文の列に並んでいるかどうか分からない人に対して。

Unit 17　副 詞

56

Expressions

私たちは昨日，温泉に行った。	We went to a hot spring **yesterday**.
君の夢はいつか実現するだろう。	Your dream will come true **someday**.
こっちにおいで。	Come **here**.
私たちは地下鉄でそこへ行った。	We went **there** by subway.
彼は近ごろ一生懸命勉強している。	He's studying **hard** these days.
彼女は速く車を運転する。	She drives **fast**.
彼女は歌がうまい。(←上手に歌う)。	She sings **well**.
彼女は静かにドアを開けた。	She opened the door **quietly**.
私の言うことを注意して聞いてください。	Please listen to me **carefully**.
シートベルトをしっかりと締めてください。	Please **securely** fasten your seat belt.
人工知能は急速に発展している。	Artificial intelligence is developing **rapidly**.
地球規模で考え，足元から行動せよ。	Think **globally**, act **locally**.
列車はほとんどがらがらだった。	The train was **almost** empty.
私はよく友達と買い物に行く。	I **often** go shopping with my friends.
彼はたいていオンラインで本を買う。	He **usually** buys books **online**.
彼女はめったに授業を休まない。	She's **rarely** absent from class.
彼女はめったに怒らない。	She **seldom** gets angry.
あなたのことは決して忘れません。	I'll **never** forget you.
人生は一度だけ。	You **only** live **once**.
彼はとても背が高い。	He's **very** tall.
私は今朝，かなり忙しかった。	I was **pretty** busy this morning.
日本はカナダよりもずっと小さい。	Japan is **much** smaller than Canada.
彼はギターも弾く。	He plays the guitar, **too**.
私も彼の名前を知りません。	I don't know his name **either**.
この部屋は十分に暖かい。	This room is warm **enough**.
A: じゃあまた明日ね。	See you **tomorrow**.
B: うん。じゃあね。	OK. See you.
A: テストはうまくできましたか。	Did you do **well** on the test?
B: いいえ。あまりにゆっくり答えたので，終わりませんでした。	No. I answered **too slowly**, so I didn't finish.
ことわざ 悪いニュースはすぐ広まる。(悪事千里を走る)	Bad news travels **fast**.

57

Vocabulary

hot spring 温泉　come true〈夢などが〉実現する　subway 地下鉄　these days 近ごろは　quietly 静かに　carefully 注意深く　securely しっかりと　fasten ～ ～を留める[締める](◆発音注意)　artificial intelligence 人工知能　develop 発展する　rapidly 急速に　globally 地球規模で　act 行動する　locally 地元で，その土地で　almost ほとんど，ほぼ　empty 人のいない，空の　go shopping 買い物に行く(◆go to shopping は×)　online オンラインで　rarely めったに～しない　seldom めったに～しない　pretty かなり，相当(◆pretty の形容詞の意味は「〈女性・子供が〉かわいらしい」など)　slowly ゆっくりと

解　説

1. 副詞の種類と具体例

時	yesterday, today, tomorrow, now, then, soon, recently など
場所	here, there, out, in, far, abroad など
様態・方法	well, hard, fast, quickly, slowly, quietly, carefully など
程度	very, pretty, much, enough, too, almost, nearly など
頻度	always, often, usually, sometimes, seldom, rarely, never, once など
その他	also, too, either, only, even, perhaps など

2. 副詞の用法と位置

⑴ 動詞の修飾…ふつうは動詞（＋目的語）の後に置く。

He speaks **well**. （彼は話がうまい）

⑵ 形容詞の修飾…形容詞の直前に置く。

He is a **very** good student. （彼はとても良い学生だ）

⑶ 副詞の修飾…副詞の直前に置く。

He talks **very** fast. （彼はとても速く話す）

3. 注意すべき副詞の用法

⑴ 頻度を表す副詞の位置

always, often など頻度を表す副詞は，一般動詞の場合はその前に，be 動詞の場合はその後に置く。

一般動詞　She **always** gets up early. （彼女はいつも早起きする）

be 動詞　She is **always** kind to us. （彼女はいつも私たちに親切だ）

⑵ **very** と **much**

very は形容詞や副詞を修飾し，much は形容詞や副詞の比較級・最上級を修飾する。

⑶ **too** と **either**

too（〜もまた）は肯定文・疑問文で使い，either は否定文で使う。

⑷ **enough**

enough（十分に）は形容詞・副詞の後に置く。

正しい英語で表現しよう！

「ほとんどの人」を almost people と言うのは誤りです。almost は副詞なので，名詞（people）の前につけて用いることはできません。「ほとんどの人」は，most people または almost all people と言います。「ほとんどの人はアイスクリームが好きだ」は次のように表現します。

○ Most people like ice cream.

○ Almost all people like ice cream.

× Almost people like ice cream.

基本問題

1 次の各文の下線部（副詞）が修飾している語を書き出しなさい。

1) He eats slowly. (　　　　)

2) I know him well. (　　　　)

3) My sister sings pretty well. (　　　　)

4) It's very warm here. (　　　　)

5) Jack and Betty arrived too early. (　　　　)

6) She often changes her hair color. (　　　　)

2 次の各文の（　）内から適語を選び，日本文に合う英文を完成させなさい。

1) 夕食がもうすぐできますよ（←夕食はほとんどできています）。
Dinner is (most, almost) ready.

2) 和也はすぐにここに着くでしょう。
Kazuya will arrive here (soon, someday).

3) その講義はかなりおもしろかった。
The lecture was (quite, quietly) interesting.

4) あなたが行かないのなら，私も行きません。
If you don't go, I won't go (too, either).

5) その家は私たち家族には十分な広さだった。
The house was large (very, enough) for our family.

3 次の文を日本文に直しなさい。

1) I ate my lunch quickly.
(　　　　　　　　　　　　　　　　)

2) She is seldom late for school.
(　　　　　　　　　　　　　　　　)

3) He seldom reads the newspaper.
(　　　　　　　　　　　　　　　　)

4) Everyone is studying hard for the final exams.
(　　　　　　　　　　　　　　　　)

5) Ann took all her classes online.
(　　　　　　　　　　　　　　　　)

発展問題

1 下の囲みの中から適語を選び，会話を完成させなさい。同じ単語を２回使わないこと。

1) Student: Am I driving too ( )?
Driving teacher: Yes. You should go slowly here.

2) Friend 1: How can I make new friends easily?
Friend 2: You should ( ) smile.

3) Student: Can you speak more clearly?
English Teacher: Sorry, but you should listen ( ), too.

4) Student 1: You can depend on Miho. She ( ) makes a mistake.
Student 2: That's true. She's really smart.

5) Customer: What do you recommend?
Server: If you like fish, I ( ) recommend the salmon. It's delicious.

always	carefully	strongly	fast	rarely

2 英語を上手に話すためのアドバイスを聞いて，（　　）を埋めなさい。 58

If you can, you should study English ( ) in life. Children learn languages ( ). Starting in university is almost too late. ( ), all Japanese students start studying English in elementary school. If you start later, you'll have to study every day. Studying ( ) is very important. In class, you should listen to the teacher carefully and repeat words ( ) at first. Gradually, students should begin speaking more ( ). You should find a foreign teacher or friend and talk with that person often. You should ( ) be reading English books or magazines. The Internet is a good place to find interesting things to read. You should also make word cards. ( ) write new words in English on one side of the card and the Japanese word on the other. Use the cards ( ). Read the Japanese word and say the English word ( ) to yourself. All serious students should try to live abroad. They usually speak English pretty ( ) when they come back. If you can't go abroad, you should study ( ). You may never speak English ( ), but if you try hard, you will speak English very ( )!

Unit 18 比較（1）

59

Expressions

韓国は日本より小さい。	South Korea is **smaller than** Japan.
父は私より背が高い。	My father is **taller than** I am.
私には数学は英語より簡単だ。	Math is **easier than** English for me.
私のテストの点数は前よりも良かった。	My test score was **better than** before.
昨日は今日よりも少し暑かった。	Yesterday was **a little hotter than** today.
健康はお金より大切です。	Health is **more important than** money.
この本はその本ほど高価ではない。	This book is **less expensive than** that one.
彼は私より速く走る。	He runs **faster than** I.
行動は言葉に勝る。	Actions speak **louder than** words.
私はてんぷらよりも寿司が好きだ。	I like sushi **better than** tempura.
彼女は私より英語を流暢に話す。	She speaks English **more fluently than** I do.
もっと大きな声で話してもらえませんか。	Can you speak **more loudly**, please?
はちみつは砂糖と同じくらい甘い。	Honey is **as sweet as** sugar.
私の目はあなたの目ほど良くない。	My eyes are not **as good as** yours.
私はできるだけ速く走った。	I ran **as quickly as** I **could**.
この箱はそれより３倍重い。	This box is **three times as heavy as** that one.
空はだんだん暗くなってきています。	The sky is getting **darker and darker**.
ドローンはますます人気が高まっている。	Drones are becoming **more and more** popular.
彼のレポートは私のより優れている。	His report is **superior to** mine.
彼女は私より２つ年下です。	She's **junior to** me by two years.
A: 米とパンでは，どちらが安いですか。	Which is **cheaper**, rice or bread?
B: たぶん米のほうが安いです。	Probably rice is **cheaper**.
A: あなたとお母さん，どちらが料理が上手ですか。	Who cooks **better**, you or your mother?
B: 母です。	My mother does.
ことわざ ２つの頭は１つの頭に勝る。（三人寄れば文殊の知恵）	Two heads are **better than** one.

60

Vocabulary

South Korea 韓国　important 重要な　money 金，金銭　action 行動　loud 大声で　fluently 流暢に　loudly 大声で　honey はちみつ　sweet 甘い　quickly 速く　heavy 重い　drone ドローン（◆無線で操縦する小型無人飛行機）　popular 人気のある　superior〈質・価値の〉より良い，より優れた　junior 年下の　probably 恐らく，たぶん（◆「十中八九は」の意味で，起こる確率が非常に高い）

【Notes】

- junior（年下の），senior（年上の），superior（より優れた），inferior（より劣った）など，-or で終わるラテン語系の形容詞を比較級として用いる時は，than に代わって to をつける。

解　説

1. 語形変化

(1) 形容詞・副詞は語形変化をして，**原級－比較級－最上級**の３つの形を作る。もとの形を「原級」，-er がついた形を「比較級」，-est がついた形を「最上級」という。

(2) 比較級・最上級の作り方は，①原級の語尾に -er, -est をつけて作る場合，②原級の前に more, less や most, least をつけて作る場合，③ good － better － best, bad － worse － worst のような不規則な場合の３つに分かれる。

2. 比較文の３つの基本的な意味と形

意味	形容詞・副詞の形	文の形
…と同じくらい～だ …と同じくらい～する	原級	A ＋ 動詞 ＋ as ＋ 形容詞 ＋ as ＋ B. A ＋ 動詞 ＋ as ＋ 副詞 ＋ as ＋ B.
A は B より～だ A は B より～する	比較級	A ＋ 動詞 ＋ 比較級（形容詞）＋ than ＋ B. A ＋ 動詞 ＋ 比較級（副詞）＋ than ＋ B.
A は～の中で一番～だ A は～の中で一番～する	最上級	A ＋ 動詞 ＋ the ＋ 最上級（形容詞）＋ of [in] …. A ＋ 動詞 ＋ the ＋ 最上級（副詞）＋ of [in] ….

※ 比較級を強めて，「ずっと～」という場合は，much を使う。「少し～」という場合は，a little を使う。

3. 比較級（形容詞）の疑問文の作り方

「どちらがより～か？」 Which [Who] is ＋ 比較級, A or B?

4. 比較級（副詞）の疑問文の作り方

「どちらがより～するか？」 Which [Who] ＋ 一般動詞 ＋ 比較級, A or B?

5. 原級比較の否定形

「…ほど～ではない」 A ＋ 動詞 ＋ not ＋ as [so] ＋ ～ ＋ as ＋ ….

6. その他の原級の用法

意味	形
…の－倍の～	— times as ～ as …
…ができるだけ～	as ～ as … can

※ 「…の２倍の～」は two times ではなく，twice という場合が多い。また，「半分の」は half as ～ as …で表す。

7. 比較級を使った慣用表現

意味	形
だんだん～；ますます～	比較級 ＋ and ＋ 比較級

基本問題

1 (　　) に入る適当な語を下の囲みの中から選び，事実に合う文を完成させなさい。同じ単語を２回使わないこと。

1) Mt. Fuji is (　　　　　　) than Mt. Aso.

2) The earth is (　　　　　　) than the moon.

3) The Shimanto River is (　　　　　　) than the Shinano River.

4) The jet plane travels (　　　　　　) than the train.

5) America is a little (　　　　　　) than Canada.

6) Oil is much (　　　　　　) than water.

faster	smaller	lighter	higher	shorter	larger

2 (　　) に適語を入れて，日本文に合う英文を完成させなさい。

1) この辞書はあの辞書よりも役に立ちます。

This dictionary is (　　　　　　) (　　　　　　) (　　　　　　) that one.

2) 愛とお金では，どちらが大切ですか。

(　　　　　　) is (　　　　　　) important, love or money?

3) 葵とケビンとでは，どちらがダンスがうまいですか。

Who dances (　　　　　　), Aoi (　　　　　　) Kevin?

4) 今日の天気は昨日の天気より悪いです。

Today's weather is (　　　　　　) (　　　　　　) yesterday's.

5) この問題はその問題ほど難しくない。

This problem is (　　　　　　) hard (　　　　　　) that one.

3 次の各組の文がほぼ同じ内容を表すように，(　　) に適語を入れなさい。

1) This hotel is better than that one.

This hotel is (　　　　　　) to that one.

2) Trains are cheaper than taxis.

Taxis are (　　　　　　) expensive than trains.

3) In Japan, soccer is more popular than basketball.

In Japan, basketball is (　　　　　　) (　　　　　　) popular (　　　　　　) soccer.

発展問題

1 (　　) に適語を入れて，会話を完成させなさい。最初の１文字をヒントとして示している問題もあります。

1) Commuter 1: This weather is terrible.
   Commuter 2: Yes. It's May and it's (　　　　　) cold (　　　　　) February.

2) Teacher: Which country is bigger, Russia or Brazil?
   Student: Russia is twice (　　　　　) (b　　　　　) as Brazil.

3) Son: Hybrid cars are becoming (　　　　　) and (　　　　　) popular.
   Father: Yes. I think they're better for the environment, but I'm more interested in electric cars.

2 (　　) に適語（形容詞・副詞の原級または比較級）を入れて，会話を完成させなさい。最初の１文字または２文字はヒントとして示されています。

1) Librarian: Could you talk more (q　　　　　), please?
   Students: Sorry!

2) Student: I'm sorry I'm late for class.
   Teacher: Try to get up (e　　　　　) so you'll be on time.

3) Passenger: Could you drive (f　　　　　), please?
   Driver: Driving faster than this is against the law.

4) Customer: Do you have something a little (ch　　　　　)?
   Salesclerk: How about this one? It's very reasonable.

5) Nana: Who speaks English (b　　　　　), you or Taichi?
   Mayumi: Taichi, of course! He studied in New Zealand last year.

3 真由美さんのスピーチを音声で聞いて，次の質問に対する答えを英語で書きなさい。 61

1) What are two reasons why big cities are better after students graduate?

2) Why do some people like the countryside?

3) How often does the bus come in Mayumi's hometown?

Unit 19 比較 (2)

62

Expressions

２月はすべての月の中で一番短い。	February is **the shortest** of all the months.
彼女はクラスの女子の中で一番背が高い。	She's **the tallest** of the girls in the class.
富士山は日本で最も高い山です。	Mt. Fuji is **the highest** mountain in Japan.
ロシアは世界で一番大きな国です。	Russia is **the biggest** country in the world.
彼はクラスで一番頭の良い学生です。	He's **the smartest** student in the class.
英語は私には一番やさしい科目ではない。	English is not **the easiest** subject for me.
琵琶湖は日本最大の湖です。	Biwako is **the largest** lake in Japan.
香川は日本で最も小さい県です。	Kagawa is **the smallest** prefecture in Japan.
新幹線は日本最速の列車だ。	The Shinkansen is **the fastest** train in Japan.
一番近い郵便局はどこですか。	Where is **the nearest** post office?
これは私が今までに読んだ中で一番良い本です。	This is **the best** book that I have ever read.
ナイル川は世界で最も長い川です。	The Nile is **the longest** river in the world. **No** (**other**) river in the world is **as long as** the Nile.
健康より大切なものはない。	**Nothing** is **as important as** health. **Nothing** is **more important than** health.
イルカは最も知能の高い海洋動物です。	Dolphins are **the most intelligent** sea animals.
米は日本の最も代表的な食物です。	Rice is **the most typical** food in Japan.
東京は世界で最も物価が高い都市の１つです。	Tokyo is **one of the most expensive cities** in the world.
私は食べている時が一番幸せです。	I'm **happiest** when I'm eating.
日本は春が最も美しいと思う。	I think Japan is **most beautiful** in the spring.
その空港からの騒音は夜が一番ひどい。	The noise from the airport is **worst** at night.
A: 東京で最も人気のある買い物エリアはどこですか。	What is **the most popular** shopping area in Tokyo?
B: ええと，若い人は渋谷が好きです。	Well, young people like Shibuya.
A: 日本で２番目に長い川は何ですか。	What's **the second longest river** in Japan?
B: それは利根川です。	It's the Tone River.
ことわざ 笑いが最良の薬である。	Laughter is **the best** medicine.

63

Vocabulary

February ２月　Russia ロシア(連邦)　lake 湖　prefecture（日本・フランスなどの行政区である）県，都道府県　post office 郵便局　the Nile ナイル川(◆アフリカ東部を流れる世界最長の川)　nothing 何も～ない　dolphin イルカ　intelligent 知能の高い　typical 典型的な，代表的な　spring 春　noise 騒音　airport 空港　area（特定の）場所，区域　laughter 笑い　medicine 薬

解　説

1. 最上級の基本的な意味と形

意味	文の形
A は…の中で一番～だ	A ＋ 動詞 ＋ the ＋ 最上級（形容詞）＋ of [in] ….
A は…の中で一番～する	A ＋ 動詞 ＋ the ＋ 最上級（副詞）＋ of [in] ….

2. 比較級による最上級の表現

⑴ 比較級 ＋ than any other ＋ 単数名詞

⑵ 否定語 ＋ 比較級 ＋ than ～

＊「否定語」には＜ no (other) ＋単数名詞＞の他に，nothing, nobody なども用いられる。

Nothing is more important than health. （健康より大切なものはない）

3. 原級による最上級の表現

否定語 ＋ 動詞 ＋ as [so] … as ～

※ 次の４つの文は同じ意味を表す。　「優美はこのクラスで一番頭の良い学生だ」

Yumi is **the smartest student** in this class.	≪最上級≫
Yumi is **smarter than any other student** in this class.	≪比較級≫
No (**other**) **student** in this class is **smarter than** Yumi.	≪比較級≫
No (**other**) **student** in this class is **as smart as** Yumi.	≪原　級≫

4. 最上級＋複数名詞

最上級の後に名詞が続く場合，ふつうは単数形だが，＜one of the ＋ 最上級＞の後は必ず複数名詞がくる。

one of the poorest **nations** （最も貧しい国の１つ）

5. 最上級に the をつけない場合

同一の人や物を異なる状況で比較する時に用いられる最上級には the をつけない。

She works **hardest** when she is doing something for her family.
（彼女は家族のために何かをやっている時，一番熱心に働く）

This lake is **deepest** here. （この湖はここが一番深い）

比較 This lake is **the deepest** in Japan. （この湖は日本で一番深い）

6. その他の最上級の用法

意味	形
何番目に最も～だ	the ＋ 序数詞（second, third など）＋ 最上級

7. the most，a most，most の違い

This is **the most** useful dictionary. （これは一番役に立つ辞書です） the most「最も」

This is **a most** useful dictionary. （これは大変役に立つ辞書です） a most ＝ very

Most people think so. （たいていの人はそう考えます） most「たいていの」

基本問題

1 次の各文に（　　）内の語句を加えて，最上級の文を作りなさい。

1）This is a good watch.（in this store）

＿＿＿＿＿＿＿＿＿＿＿＿＿＿＿＿＿＿＿＿＿＿＿＿＿＿＿＿＿＿＿＿＿＿

2）Mt. Everest is a high mountain.（in the world）

＿＿＿＿＿＿＿＿＿＿＿＿＿＿＿＿＿＿＿＿＿＿＿＿＿＿＿＿＿＿＿＿＿＿

3）This is a crowded airport.（in Japan）

＿＿＿＿＿＿＿＿＿＿＿＿＿＿＿＿＿＿＿＿＿＿＿＿＿＿＿＿＿＿＿＿＿＿

4）This is difficult.（of these problems）

＿＿＿＿＿＿＿＿＿＿＿＿＿＿＿＿＿＿＿＿＿＿＿＿＿＿＿＿＿＿＿＿＿＿

5）He is a bad singer.（in his family）

＿＿＿＿＿＿＿＿＿＿＿＿＿＿＿＿＿＿＿＿＿＿＿＿＿＿＿＿＿＿＿＿＿＿

2 次の文の（　　）内から適当な語を選びなさい。また，できた文を日本語に直しなさい。

1）Shinjuku is (busiest, the busiest, the most busy) train station in Japan.

(　　　　　　　　　　　　　　　　　　　　　　　　　　　　　　　　)

2）Canada is (best, the goodest, the most good) in the summer time.

(　　　　　　　　　　　　　　　　　　　　　　　　　　　　　　　　)

3）Soccer is one of the most popular (sport, sports) in Japan.

(　　　　　　　　　　　　　　　　　　　　　　　　　　　　　　　　)

3 次の各組３つの英文が日本文に合うように，（　　）に適語を入れなさい。

1）ニューヨーク市はアメリカ最大の都市だ。

New York City is America's largest city.

(　　　　　) (　　　　　) in America is larger than New York City.

New York City is (　　　　　) (　　　　　) (　　　　　) other city in America.

2）命ほど尊いものはない。

Nothing is as precious as life.

Life is (　　　　　) (　　　　　) (　　　　　) thing.

(　　　　　) is more precious (　　　　　) life.

発展問題

1 下の囲みの中から適語を選び，適当な形に直して会話を完成させなさい。同じ単語を２回使わないこと。

1) Foreigner: I want to go to Shizuoka. Which train goes the ( )?
Station Employee: You should take the Shinkansen.

2) Daughter: What is the ( ) way to make friends?
Mother: You should always smile at people.

3) Japanese Person: Are you from Auckland?
New Zealander: No, I'm from Christchurch. It's one of the ( ) cities in New Zealand.

simple	big	fast

2 日本文に合うように，英文を完成させなさい。

1) 高校での一番の親友はだれでしたか。

____

2) 日本は世界で最も豊かな国の１つです。

____

3) あなたの人生で一番大切なものは何ですか。

____

3 奈々さんと太一さんがコーヒーを飲みながら，日本のことについて話しています。音声を聞いて，次の質問に対する答えを英語で書きなさい。

64

1) What is the biggest river in Japan?

____

2) What is the second largest lake in Japan?

____

3) What is the second highest mountain in Japan?

____

Unit 20 接続詞

65

Expressions

ベスと私は親友です。	Beth **and** I are good friends.
ティムは英語とベトナム語を話す。	Tim speaks English **and** Vietnamese.
私たちは京都と大阪と神戸を訪れました。	We visited Kyoto, Osaka **and** Kobe.
あなたに今日か明日会うことができます。	I can meet you today **or** tomorrow.
私はテレビを見て，兄は車を洗った。	I watched TV **and** my brother washed his car.
彼はスキーができるが，私はできない。	He can ski, **but** I can't.
桜は病気だったので，家にいた。	Sakura was sick, **so** she stayed home.
私は病気なので，今日は学校に行けません。	I can't go to school today **because** I'm sick.
列車が出た後で，私は駅に着いた。	I arrived at the station **after** the train left.
彼女は若い時，シドニーに引っ越した。	She moved to Sydney **when** she was young.
食べている最中は，話をするな。	Don't talk **while** you're eating.
忘れる前にそれを書き留めておきなさい。	Write it down **before** you forget.
一生懸命勉強しなさい，そうすれば良い仕事に就けるでしょう。	Study hard, **and** you'll get a good job. **If** you study hard, you'll get a good job.
急ぎなさい，さもないと遅刻しますよ。	Hurry up, **or** you'll be late. **If** you don't hurry up, you'll be late.
彼は正しいと思います。	I think (**that**) he's right.
彼は正しくないと思います。	I don't think (**that**) he's right.
彼女は英語とドイツ語の両方を話す。	She speaks **both** English **and** German.
あなたか私のどちらかがそれをしなければならない。	**Either** you **or** I must do that.
私は酒もたばこもやらない。	I **neither** drink **nor** smoke.
彼女は正直なだけでなく，勤勉です。	She is **not only** honest **but also** hard-working.
A: 今日の午後，就職面接があるんです。	I have a job interview this afternoon.
B: うまく行くといいですね。	I hope (**that**) it goes well for you.
A: 雨が止むまでここで待ちましょう。	Let's wait here **until** the rain stops.
B: いい考えだね。向こうにコーヒーショップがあるよ。	Good idea! There's a coffee shop over there.
ことわざ 鉄は熱いうちに打て。 （好機逃すべからず）	Strike **while** the iron is hot.

66

Vocabulary

Vietnamese ベトナム語　ski スキーをする　stay home 家にいる　arrive 到着する　move to ~ ~に引っ越す　Sydney シドニー（オーストラリアの都市）　while ~ ~する間に　hurry up 急ぐ　right 〈答え・考え方などの点で〉正しい　German ドイツ語　drink 酒を飲む　smoke たばこを吸う　honest 正直な　hard-working 勤勉な　interview 面接　strike 打つ　iron 鉄（◆発音注意）

解 説

1. 接続詞の種類と働き

種類	働き	具体例
等位接続詞	対等の関係にある語・句・文を結びつける	and, but, or, for, so, nor
従位接続詞	主節と主従の関係にある従位節とを結びつける	that, if, whether, when, while, because, after

2. 等位接続詞を使った慣用表現

- 命令文, and ... 「～しなさい，そうすれば…」
- 命令文, or ... 「～しなさい，さもないと…」

3. 注意すべき従位節の動詞の時制

- ＜時＞や＜条件＞を表す副詞節では，未来のことを言うのに現在形を使う。

  Let's wait here **until** the rain **stops**. （雨が止むまでここで待ちましょう）

  × Let's wait here **until** the rain will stop.

  If it **rains** tomorrow, I will stay home. （もし明日雨が降れば，私は家にいます）

  × **If** it will rain tomorrow, I will stay home.

4. 従位接続詞 that の用法

- 接続詞 that は，あとに＜主語 ＋ 述語＞を含む文［節］が続き，全体で「～ということ」の意味を表す。
- この＜ that ＋ 主語 ＋ 述語 ～＞の部分全体は，名詞と同じ働きをし，動詞 know や think などの目的語になる。
- 接続詞 that は特に口語でよく省略されるが，意味は変わらない。
- 接続詞 that は＜be 動詞 ＋ 形容詞＞のあとに続くことがある。

  I'm afraid (that) it's going to rain tomorrow. （明日はどうやら雨になりそうです）

5. その他の接続詞

- both A and B 「A と B の両方とも」
- either A or B 「A か B のどちらか」
- neither A nor B 「A も B も～しない［でない］」
- not only ～ but (also) … 「～だけでなく…も」

自然な英語で表現しよう！

日本語の「私は～ではないと思う」を，英語では I don't think ... のように think を否定するのがふつうです。従って，「私は彼女が来ないと思う」と言いたい場合，I don't think (that) she will come. が自然であり，I think (that) she will not come. は自然ではありません。

基本問題

1 次の各文の（　　）内から適語を選び，文を完成させなさい。

1） They are husband (and, or) wife.

2） Drink your milk, (and, or) you won't be strong.

3） I was very tired, (but, so) I went to bed early.

4） I think this is their house, (and, but) I'm not sure.

5） Duncan played the guitar (and, that) I sang songs.

6） Brian has lived in (either, both) Italy and France.

7） (Because, If) you have any questions, please let me know.

2 各文の［　　］内の語句を適切に並べかえなさい。

1） Wait here [come / until / back / I].

2） Try hard, [you'll / and / successful / be].

3） [sick / you / if / are], please stay home.

4） Everyone knows [earth / that / round / is / the].

5） I have to study tonight [tomorrow / I / exam / because / an / have].

3 日本語に合うように，会話を完成させなさい。

1） Wife: Let's have ____________________ get home.
（私が帰宅したら，夕食にしよう）
Husband: No, I'm too tired. Let's eat out tonight.

2） Student 1: Is she Chinese or Korean?
Student 2: ____________________ is Korean.
（韓国人だと思うよ）

3） Coworker 1: ____________________ out, Mr. White called.
（あなたが出かけている間に，ホワイトさんが電話してきたよ）
Coworker 2: OK. I'll call him.

発展問題

1 下の囲みの中から適当な語句を選び，文を完成させなさい。同じ語句を２回使わないこと。

1) (　　　　　　　) you want to lose weight, you should exercise regularly.

2) Jim decided to buy the motorcycle (　　　　　　　) it was expensive.

3) (　　　　　　　) Ms. Ishida was rich, she had a very nice car.

4) He doesn't think (　　　　　　　) he needs to study for the test.

5) (　　　　　　　) the rain stopped, they went for a walk in the park.

6) Please press this button (　　　　　　　) you're ready to order.

7) Let's finish this work (　　　　　　　) our boss comes back.

that	before	if	after	when	although	because

2 日本語に合うように，英文を完成させなさい。

1) 武志は月曜日の９時に授業があるが，よく遅刻する。

Takeshi has a class at nine o'clock on Monday, ______________________________

2) もし君が夕食代を払ってくれたら，僕が映画代を払うよ。

I'll pay for the movie ______________________________

3) 勉強中は音楽を聴くべきではないと母は言った。

Mother said that I shouldn't listen to music ______________________________

3 真由美さんが教室に到着し，そこにいた秀樹さんに太一と奈々のことについてたずねます。音声を聞いて，次の３つの質問に対する答えを英語で書きなさい。

67

1) Where is Taichi and why?

____

2) Why does Nana need some nice clothes?

____

3) Why does Hideki think Nana needs a part-time job?

____

Unit 21 受け身（受動態）

68

Expressions

この家は父によって建てられた。	This house **was built by** my father.
この本は大学生によって書かれた。	This book **was written by** a college student.
そのパーティーはホテルで開かれた。	The party **was held** at a hotel.
私は彼らの結婚式に招待された。	I **was invited to** their wedding.
私は感動して涙が出た。	I **was moved** to tears.
私たちはその知らせに驚いた。	We **were surprised by** the news.
彼らは，にわか雨にあった。	They **were caught** in a shower.
最初の東京五輪は 1964 年に開催された。	The first Tokyo Olympics **were held** in 1964.
日本は海で囲まれている。	Japan **is surrounded by** the sea.
そのレストランは多くの地元の人に愛されている。	The restaurant **is loved by** many local people.
この部屋は毎日掃除される。	This room **is cleaned** every day.
英語は世界中で使われている。	English **is used** all over the world.
喫煙はキャンパスでは許可されていない。	Smoking **is not permitted** on campus.
富士山は日本の象徴として知られている。	Mt. Fuji **is known as** the symbol of Japan.
日本の 7 割以上は山で覆われている。	More than 70 percent of Japan **is covered with** mountains.
夕食は 10 分後に出されます。	Dinner **will be served** in 10 minutes.
このビンは手で開けられます。	This bottle **can be opened** by hand.
そのアプリは無料でダウンロードできます。	The app **can be downloaded** for free.
A: この席は空いていますか。	**Is** this seat **taken**?
B1: はい。そこにはだれも座っていません。	No. Nobody is sitting there.
B2: いいえ。友達がそこに座っています。	Yes. My friend is sitting there.
A: あなたはどこで生まれたのですか。	Where **were** you **born**?
B: 私は広島で生まれました。	I **was born** in Hiroshima.
A: この写真はいつ撮られたのですか。	When **was** this picture **taken**?
B: 2 年前に撮られました	It **was taken** two years ago.
ことわざ ローマは一日にして成らず。	Rome **was not built** in a day.

69

Vocabulary

hold 〈会などを〉開く（◆hold-held-held と変化） hotel ホテル（◆アクセント注意） be invited to ~ ~に招待される wedding 結婚式 move ~ ~を感動させる tear （(通例 tears)）涙 be surprised by ~ ~に驚く shower にわか雨 be surrounded by ~ ~に囲まれている local 地元の smoking 喫煙 permit 許可する be known as ~ ~として知られている symbol 象徴 percent パーセント，100 分の 1（◆アクセント注意） be covered with ~ ~で覆われている serve 〈飲食物を〉出す download ~ ~をダウンロードする for free 無料で Rome ローマ（◆イタリアの首都；古代ローマ帝国の首都）

解　説

1. 能動態と受動態（受け身）

My father built this house.　≪能動態≫
① ② ③
This house **was built by** my father.　≪受動態≫

2. 受動態への書き換え

① 能動態の目的語を受動態の主語にする
② 動詞の形を＜be 動詞 ＋ 過去分詞＞に変える
③ 能動態の主語は by ～の形にして動詞の後につける

3. 受け身の意味

「～される」という動作と，「～されている」という状態の２つの意味を表す。

4. 受け身の形

受け身の種類	文の種類	受け身の形
現在形の受け身	肯定	am [are, is] ＋ 過去分詞
	否定	am [are, is] ＋ not ＋ 過去分詞
	疑問	Am [Are, Is] ＋ 主語 ＋ 過去分詞 …?
過去形の受け身	肯定	was [were] ＋ 過去分詞
	否定	was [were] ＋ not ＋ 過去分詞
	疑問	Was [Were] ＋ 主語 ＋ 過去分詞 …?
助動詞を含む受け身	肯定	will [canなど] ＋ be ＋ 過去分詞
	否定	will [canなど] ＋ not ＋ be ＋ 過去分詞
	疑問	Will [Canなど] ＋ 主語 ＋ be ＋ 過去分詞 …?

5. 疑問詞で始まる受け身の疑問文の作り方

⑴ 疑問詞が主語以外の場合
＜疑問詞 ＋ be 動詞 ＋ 主語 ＋ 過去分詞 …? ＞の語順

⑵ 疑問詞が主語になる場合
＜疑問詞 ＋ be 動詞 ＋ 過去分詞 …? ＞の語順

6. by ～の省略，by 以外の受動態

受動態の行為者は＜by ～＞で示しますが，実際にはこの部分は省略されることが多く，また動詞によっては by 以外の前置詞を使うものもある。

7. 受け身の表現を含んだ熟語

be known to ～（～に知られている）　be known for ～（～で有名である）
be pleased with ～（～で喜んでいる）　be satisfied with ～（～に満足している）
be crowded with ～（～で混雑している）　その他，左頁の **Vocabulary** を参照。

基本問題

1 適当な語を下の囲みの中から選び，それを過去分詞にして（　　）に入れ，文を完成させなさい。同じ単語を２回使わないこと。

1) This newspaper is (　　　　　　　) in English.

2) This pumpkin was (　　　　　　　) by my grandfather.

3) Horyuji Temple was (　　　　　　　) in 607.

4) This dictionary is (　　　　　　　) by many students in America.

5) Student orientation will be (　　　　　　　) from April 5 to April 7.

grow	write	build	hold	use

2 日本語の意味に合うように，（　　）に適語を入れて，会話を完成させなさい。

1) Friend 1: (　　　　　　　) you (　　　　　　　) in computers?
（コンピューターに興味はありますか）

Friend 2: Yes, I am. I have a Mac.

2) Student 1: I was born on January 1.

Student 2: That's a very lucky day. My father (　　　　　　　) (　　　　　　　) in January, too.　（私の父も１月生まれです）

3) Mother: (　　　　　　　) was this picture (　　　　　　　)?
（この写真はどこで撮られたの？）

Daughter: At school. Do you like it?

3 次の日本文を英語で表現しなさい。

1) この教室は毎日掃除されますか。

______________________________________ every day?

2) あの先生はいつも学生たちに囲まれている。

______________________________________ by students.

3) この歌は世界中で歌われている。

______________________________________ all over the world.

4) あなたは彼らの結婚式に招待されましたか。

______________________________________ wedding?

5) この大学ではロシア語は教えていません。

Russian is ______________________________________

発展問題

1 日本語の意味に合うように，(　　) に適語を入れて，会話を完成させなさい。

1) Teacher: In what (　　　　　　) (　　　　　　) you born?
(何月生まれですか)
Student: In November. My birthday is next month!

2) Visitor: What fruit is grown in Aomori?
Aomori Residents: (　　　　　　) (　　　　　　) grown here.
(ここではりんごが栽培されています)

3) Father: (　　　　　　) you satisfied (　　　　　　) your college life?
(大学生活に満足してる？)
Daughter: Yes. The sports are great. Our college has so many sports clubs.

2 次の語句を並べかえて，日本文に合う英文を作りなさい。ただし，各文とも１語不足しているので，自分で考えて入れなさい。

1) チケットはオンラインで購入できます。
[online / purchased / tickets / can].

____

2) だれがそのパーティーに招待されましたか。
[invited / party / who / the / was]?

____

3) 図書館の本は期限通りに返却する必要がある。
[books / returned / time / be / library / must].

____

4) 京都の龍安寺は石庭で有名である。
[in / Ryoanji Temple / rock / is / Kyoto / garden / known / its].

____

3 真由美さんが秀樹さんにタイについて話しています。音声を聞いて，次の質問に対する答えを英語で書きなさい。

70

1) Where is English spoken in Thailand?

____

2) What clothes must not be worn by women in temples?

____

3) What kinds of money can be used in Thailand?

____

Unit 22 不定詞

71

Expressions

私は本を読むことが好きです。	I like **to read**.
彼女は負けず嫌いだ。	She hates **to lose**.
またお会いできたらいいですね。	I hope **to see** you again.
私は郵便局に行く必要がある。	I need **to go** to the post office.
私はいつか自分の会社を始めたい。	I want **to start** my own company someday.
名前を書くのを忘れないでください。	Don't forget **to write** your name.
自然環境を保護することは重要です。	**To protect** the environment is important.
彼女の夢は客室乗務員になることだ。	Her dream is **to become** a flight attendant.
私は何か飲むものがほしい。	I want something **to drink**.
彼には養うべき大家族がいる。	He has a large family **to support**.
私は良い勉強法を見つけた。	I found a good way **to study**.
私たちは釣りをしにそこへ行った。	We went there **to fish**.
彼は犬を散歩させるために早起きした。	He got up early **to walk** his dog.
私たちは生きるために食べるのであって，食べるために生きるのではない。	We eat **to live**, not live **to eat**.
ドアをノックせずに私の部屋に入るとは，彼女は失礼だ。	She is rude **to enter** my room without knocking on the door.
彼の説明は理解しやすかった。	His explanation was easy **to understand**.
十分な睡眠を取ることが私たちには大切です。	It is important for us **to get** enough sleep.
A: カラオケに行くのは好きですか。	Do you like **to go** to karaoke?
B: はい。私は歌うことが大好きです。	Yes. I love **to sing**.
A: 今夜は本当に楽しかったです。	I had a really good time tonight.
B: はい，あなたにまたお会いできてとても良かったです。	Yes, it was wonderful **to see** you again.
ことわざ 負けることは勝つことだ。（負けるが勝ち）	**To lose** is **to win**.

72

Vocabulary

hate to *do* ~ ～するのを嫌がる，嫌う　lose 負ける　need to *do* ~ ～する必要がある　company 会社　protect ~ ～を保護する　the environment（水・空気・土地などの）自然環境　flight attendant（飛行機の）客室乗務員　support〈家族などを〉養う　fish 釣りをする　walk ~ ～を散歩させる　rude 失礼な，無礼な　enter ~ ～に入る　knock〈ドアなどを〉ノックする　explanation 説明　understand 理解する　have a good time 楽しい時を過ごす　wonderful すばらしい，すてきな　win 勝つ

【Notes】

- 不定詞が主語になる文はあまり好まれない。It を形式的に主語にし，to ~ をあとに置いて，〈It is … to ～.〉の形で表すのがふつう。"To protect the environment is important." は "It is important to protect the environment." と書き換えられる。

解　説

1. 不定詞とは

to read のような＜to ＋ 動詞の原形＞を「不定詞」という。不定詞の形は，主語の人称・数や時制が何であっても変わらない。

2. 名詞的用法の不定詞

- 「～すること」という意味を表し，主語，目的語，補語として用いられ，名詞と同じ働きをする。
- 一般的に，to 不定詞が主語になる場合は，it を仮主語（形式主語）とし，to ～を真主語とする。

  To learn foreign languages is interesting. （外国語を学ぶことは面白い）

  It is interesting to learn foreign languages.

  仮主語　　　　　　　真主語

3. 形容詞的用法の不定詞

- 「～する（べき)」「～するための」という意味を表して，すぐ前の名詞・代名詞を修飾し，形容詞と同じような働きをする。

  It's time **to go** to bed. （もう寝る時間です）

4. 副詞的用法の不定詞

- 目的・原因・根拠などを表して，動詞・形容詞・副詞を修飾する。

(1) 目的を表す用法　「～するために」と目的を表して，動詞を修飾する。

I went to the airport **to pick** up my brother. （兄を出迎えるために空港へ行った）

(2) 原因を表す用法　「～して」という意味で感情の原因を表し，形容詞や動詞を修飾する。

I'm glad **to see** you again.　　I was surprised **to hear** the news.

（あなたに再会できて嬉しい）　（私はその知らせを聞いて驚いた）

(3) 根拠を表す用法　「～するとは」という意味で，理由・判断の根拠を表す。

He must be crazy **to go** out in this typhoon.

（こんな台風の中を出かけるなんて，彼はどうかしているに違いない）

(4) 前の形容詞を修飾する用法　「～するのに」という意味で，形容詞を修飾する。

This question is difficult **to answer**. （この質問は答えるのに難しい）

正しい英語で表現しよう！

「私たちは時に立ち止まって考えなければならない」を Sometimes we have to stop thinking. のように言うのは誤りです。thinking は stop の目的語なので，「時に考えることをやめなければならない」という意味になるからです。正しくは次のように表現します。

○ Sometimes we have to stop to think.　　＊ to think は副詞的用法の不定詞で「目的」を表す。

基本問題

1 各文の不定詞の部分に下線を引き，その用法を書きなさい。

1）It's wonderful to see you here. （　　　　）用法

2）She went to New York to study music. （　　　　）用法

3）I have a lot of things to do this weekend. （　　　　）用法

4）To steal is wrong. （　　　　）用法

5）If you are sick, please stay home to protect others. （　　　　）用法

2 次の日本文に合う英文を，不定詞を用いて完成させなさい。

1）このソフトは使いやすい。

This software is easy (　　　　) (　　　　).

2）私は一人旅が好きだ。

I like (　　　　) (　　　　) by myself.

3）子供を持つことは喜びである。

(　　　　) (　　　　) children is a joy.

4）だれも私を助けに来なかった。

Nobody came (　　　　) (　　　　) me.

5）秋は本を読むには最高の季節だと思う。

I think fall is the best season (　　　　) (　　　　) books.

3 次の文を日本語に訳しなさい。

1）To teach is to learn.

(　　　　　　　　　　　　　　　　)

2）She went to the airport to see her son off.

(　　　　　　　　　　　　　　　　)

3）His dream is to become a police officer.

(　　　　　　　　　　　　　　　　)

4）He was foolish to say such a thing.

(　　　　　　　　　　　　　　　　)

5）They went to the library to do some research.

(　　　　　　　　　　　　　　　　)

発展問題

1 日本語の意味に合うように，(　　) に適語を入れて，会話を完成させなさい。

1) Woman: What do you like to do in your free time?

Man: I (　　　　　　) (　　　　　　) (　　　　　　) to movies.
（私は映画に行くのが好きです）

2) Teacher: Do you do anything to help the environment?

Student: Yes. I (　　　　　　) (　　　　　　) (　　　　　　) bottles and cans.
（はい。私はビンとカンのリサイクルを心がけています）

3) Student 1: What do you usually (　　　　　　) (　　　　　　) (　　　　　　)?
（リラックスするためにたいてい何をしますか）

Student 2: I often read a book in a coffee shop.

4) Friend 1: I'll go and get (　　　　　　) (　　　　　　) (　　　　　　).
（何か飲むものを持ってきてあげるね）

Friend 2: Thanks. Could you bring some snacks, too?

2 次の語句を並べかえて，日本文に合う英文を作りなさい。

1) 私は彼の歌唱力に驚いた。
[his / sing / surprised / I / ability / to / by / was].

____

2) 日本人学生の多くは，授業で目立ちたがらない。
[students / class / want / in / to / many / don't / Japanese / stand out].

____

3) 私たちにとって，浜辺でバレーボールをするのは楽しい。
[us / beach / volleyball / fun / play / is / the / to / it / for / at].

____

3 奈々さんと交換留学生のジョンさんが大学で話をしています。音声を聞いて，次の質問に対する答えを英語で書きなさい。

1) Why does John want Nana to help him with his Japanese homework? 73

____

2) How do you say, "一人で行きたいですか" in English?

____

3) How do you say, "今こそ行動する時だ" in English?

____

Unit 23 動名詞

Expressions

74

歩くことは良い運動です。	**Walking** is good exercise.
たばこを吸うことは健康に悪い。	**Smoking** is bad for your health.
海外旅行をすることはとても楽しい。	**Traveling** abroad is a lot of fun.
生魚を食べるのは日本ではふつうのことだ。	**Eating** raw fish is common in Japan.
一生懸命勉強することが成功のカギです。	**Studying** hard is the key to success.
映画を見ることは楽しい。	**Watching** movies is fun.
言葉の学習には時間がかかる。	**Learning** a language takes time.
母の趣味はガーデニングです。	My mother's hobby is **gardening**.
私の気晴らしは犬を散歩させることです。	My pastime is **walking** my dog.
彼の仕事はタクシーを運転することだ。	His job is **driving** a taxi.
私はスノーボードが好きです。	I like **snowboarding**.
彼女は冗談を言うのが大好きだ。	She loves **joking**.
あさみは飛行機を見るのが好きだ。	Asami likes **watching** airplanes.
彼らは北海道でスキーをして楽しんだ。	They enjoyed **skiing** in Hokkaido.
彼女は毎日英語を話す練習をする。	She practices **speaking** English every day.
情報を送ってくれてありがとう。	Thank you for **sending** the information.
間違えることを怖がってはいけません。	Don't be afraid of **making** mistakes.
あなたからの便りを楽しみにしています。	I'm looking forward to **hearing** from you.
私は手紙を投函したのを覚えています。	I **remember mailing** the letter.
手紙を投函するのを忘れないでください。	Please **remember to** mail the letter.
時々メールを送るのを忘れないでね。	Don't **forget to** send an email sometimes.
私は落馬したことを決して忘れません。	I won't **forget falling** off the horse.
旅行は好きですか。	Do you like **traveling**?
A: 料理は得意ですか。	Are you good at **cooking**?
B: いいえ。でも食べることは好きです！	No, but I like **eating**!
ことわざ 見ることは信じることである。（百聞は一見にしかず）	**Seeing** is **believing**.

Vocabulary

75

exercise（身体の）運動　travel abroad 海外旅行をする　raw〈食品が〉生の，料理していない　common ふつうの，ありふれた　the key（成功などの）秘訣　success 成功　take time 時間がかかる　gardening ガーデニング，庭いじり　pastime 気晴らし，娯楽　snowboarding（競技・娯楽としての）スノーボード（→ p.17 コラム を参照）　joke 冗談を言う　practice ～ ～を練習する　information 情報　be afraid of ～ ～が怖い，～を恐れている　look forward to ～ ～を楽しみに待つ（◆to は前置詞なので，後には名詞か動名詞がくる）　hear from ～ ～から便りがある　mail ～ ～を投函する　fall off ～ ～から落ちる

解　説

1. 動名詞とは

＜動詞の原形 ＋ -ing＞の形で，その名のように動詞の性質をもちながら名詞の働きをするものを「動名詞」という。形は現在分詞と同じだが，現在分詞は形容詞的な働きをするので，混同しないように注意が必要。

動名詞	「～すること」	I like **cooking.**　（私は料理が好きだ）
現在分詞	「～している」	I'm cooking.　（私は料理をしている）
現在分詞	「～している…」	the man cooking in the kitchen　（台所で料理している男性）

2. 動名詞の基本的な用法

「～すること」の意味を表して，文中で，主語，補語，動詞の目的語，前置詞の目的語になる。

(1) 主語

Swimming is good exercise.　（水泳は良い運動です）

- 他動詞の動名詞は，＜動名詞 ＋ 目的語＞の形で主語になる。
- 動名詞は，単独の場合でも，あとに目的語を伴う場合でも，3人称・単数扱いになる。従って，be 動詞は現在の文なら is，過去の文なら was を使う。

Watching movies **is** fun.　　（× Watching movies **are** fun.）
Learning a language **takes** time.　　（× Learning a language **take** time.）

(2) 補語

His hobby is **collecting** coins.　（彼の趣味は硬貨を集めることです）

(3) 動詞の目的語

I like **reading.**　（私は読書［＝本を読むこと］が好きです）

(4) 前置詞の目的語

She is good at **playing** tennis.　（彼女はテニスをするのが得意です）

3. 動名詞と不定詞の使い分け

(1) 目的語に動名詞だけを取る動詞

enjoy　finish　practice　avoid　regret　suggest　discuss など

(2) 目的語が動名詞か不定詞かで意味が変わる動詞

remember to ～　忘れずに～する　　remember ～ing　～したことを覚えている
forget to ～　～することを忘れる　　forget ～ing　～したことを忘れる

自然な英語で表現しよう！

英語の hobby は，「物を集めたり，何かを作ったりすること，あるいは知的な努力を必要とするその他の活動に従事すること」を意味します。音楽を聞いたり，テレビを見たりすることは hobby ではありません。従って，“My hobby is listening to music.” や “My hobby is watching TV.” は文法的には正しくても，自然な英語表現とは言えません。“My favorite pastime is listening to music.” や “My favorite pastime is watching TV.” のように言えば自然です。

基本問題

1 適当な語を下の囲みの中から選び，それを -ing 形にして（　　）に入れ，文を完成させなさい。同じ語を２回使わないこと。

1）(　　　　　　) is good for your health.

2）I enjoy (　　　　　　) to Mr. Pattimore's class.

3）Thank you for (　　　　　　) me to the party.

4）(　　　　　　) enough sleep is important.

5）I'll never forget (　　　　　　) her.

6）I like both playing and (　　　　　　) sports.

go	invite	walk	get	watch	meet

2 次の各文の（　　）内から適当な語を選びなさい。また，できた文を日本語に直しなさい。

1）Reading books (is, are) important.

(　　　　　　　　　　　　　　　　　　　　)

2）Please finish (to write, writing) your report by Friday.

(　　　　　　　　　　　　　　　　　　　　)

3）I think visiting other places (is, are) very exciting.

(　　　　　　　　　　　　　　　　　　　　)

3（　　）に適語を入れて，日本文に合う英文を完成させなさい。各文とも最初の（　　）には前置詞を入れること。

1）お電話ありがとうございます。

Thank you (　　　　　　) (　　　　　　).

2）料理はかなり得意です。

I am pretty good (　　　　　　) (　　　　　　).

3）飲酒後に車の運転は絶対にしてはならない。

Never drive (　　　　　　) (　　　　　　).

4）彼は考えないでよく行動する。

He often acts (　　　　　　) (　　　　　　).

5）海外で働くことに興味はありますか。

Are you interested (　　　　　　) (　　　　　　) abroad?

発展問題

1 日本語の意味に合うように，(　　) に適語を入れて，会話を完成させなさい。

1) Student 1: What is your brother's job?

Student 2: His job is (　　　　　　) a (　　　　　　). (雑誌の編集をすること)

2) Child: What did you do when you were young, Grandpa?

Grandpa: (　　　　　　) was my favorite (　　　　　　).

(釣りが一番の気晴らしだった)

3) Student: I really want to speak English well.

Teacher: (　　　　　　) English takes a long (　　　　　　), but keep trying.

(英語の学習には長い時間がかかる)

4) Patient: How can I lose weight, Doctor?

Doctor: (　　　　　　) more and (　　　　　　) less are the only two good ways. (もっと運動して，食べる量を減らすこと)

5) Student: What are the advantages of (　　　　　　) (　　　　　　)?

(留学にはどんな利点がありますか)

Professor: It helps to understand your own culture better.

2 次の語句を並べかえて，日本文に合う英文を作りなさい。ただし，各文とも単語が１つ不足しているので，自分で考えて入れなさい。

1) ウェブサイトのデザインに興味はありますか。

[interested / websites / you / in / are]?

2) 環境を保護することはすべての人の責任だ。

[environment / responsibility / is / the / everyone's].

3 太一さんと真由美さんが授業の合間に話しています。音声を聞いて，次の質問に対する答えを英語で書きなさい。

76

1) Why does Mayumi enjoy going to Ms. Kennedy's English class?

2) What does Ms. Kennedy enjoy doing in class?

3) What does Ms. Kennedy thank the students for?

Unit 24 分　詞

77

Expressions

働く人には多くの責任がある。	**Working** people have many responsibilities.
それは，はらはらする試合だった。	It was an **exciting** game.
さえずる鳥が私を毎朝起こしてくれる。	The **singing** birds wake me up every morning.
その店は中古の家具を販売している。	The store sells **used** furniture.
彼女はアイスティーを１杯注文した。	She ordered a glass of **iced** tea.
医者は骨折した腕を入念に調べた。	The doctor checked the **broken** arm carefully.
地面は落ち葉で覆われている。	The ground is covered with **fallen** leaves.
野球をしている少年は私のいとこです。	The boy **playing baseball** is my cousin.
柔道をしている女の子は私の妹です。	The girl **doing judo** is my sister.
花に水をやっている女性はアンです。	The woman **watering the flowers** is Ann.
私は農学を専攻している１年生です。	I'm a freshman **majoring in agriculture**.
彼らは海を見下ろす家を売った。	They sold a house **overlooking the sea**.
あそこを飛んでる飛行機，見える？	Can you see that plane **flying up there**?
宇宙から見た地球（の姿）は美しい。	The earth **seen from space** is beautiful.
ここで収穫された野菜はとてもおいしい。	Vegetables **harvested here** are delicious.
彼は中国製のプリンターを買った。	He bought a printer **made in China**.
A: フライドチキンは好きですか。	Do you like **fried** chicken?
B: はい，大好きです。	Yes, I love it.
A: どっちがあなたのボーイフレンド？	Which one is your boyfriend?
B: （彼は）白いＴシャツを着てるほうよ。	He's the one **wearing a white T-shirt**.
A: あのスイス製の腕時計はほしくないの？	Don't you want that watch **made in Switzerland**?
B: はい。日本製のほうが好きなんです。	No. I prefer the one **made in Japan**.
ことわざ 転がる石には苔《こけ》がつかない。（転石苔むさず）	A **rolling** stone gathers no moss.

78

Vocabulary

responsibility 責任　exciting 興奮させる, はらはらさせる　wake ～の目を覚まさせる, 起こす(◆しばしば up を伴う)　used 中古の　furniture 家具　order ～ ～を注文する　iced 氷で冷やした　check ～ ～を調べる, 検査する　fallen leaves 落ち葉　cousin いとこ　do judo 柔道をする(→ p.17 コラム を参照)　water ～ ～に水をかける, 水をまく　agriculture 農業；農学　overlook〈建物などが〉～を見下ろす　space 宇宙　vegetable 野菜　harvest ～ ～を収穫する　delicious とてもおいしい　fried 油で揚げた　Switzerland スイス　prefer ～ ～のほうを好む　gather ～ ～を集める　moss 苔

【Notes】

- A rolling stone gathers no moss. ということわざは, 主に英国では,「たびたび転居や転職する人は金がたまらない」「技術や信用も身につかない」, あるいは「移り気な人は真の愛情が得られない」といった意味で使われる。一方, 移動すること(mobility)に価値をおく米国では,「たえず積極的に活動している人は常に清新でいられる」と解されることが多い。職場を変えることによって地位を築き, 何度も引っ越しをすることも珍しくない米国人にとっては a rolling stone は有能で好ましい人間であり, moss は古くて汚いものなのである。

  出典：『フェイバリット英和辞典』(第 3 版, 東京書籍)

解　説

1. 分詞とは

分詞は，動詞の変化形の１つで，現在分詞と過去分詞の２種類がある。

> 現在分詞　＜動詞の原形 ＋ -ing ＞の形
> 過去分詞　＜動詞の原形 ＋ -(e)d ＞の形
> 　　　　　※不規則動詞の場合は，個々で形が違う

2. 分詞の基本的な用法

種類	用法
現在分詞	進行形＜be 動詞 ＋ 現在分詞＞に使われる➡ **Unit 9**
過去分詞	受け身＜be 動詞 ＋ 過去分詞＞に使われる➡ **Unit 21** 現在完了形＜have [has] ＋ 過去分詞＞に使われる➡ **Unit 25**

3. 現在分詞の形容詞的用法

- 現在分詞は形容詞と同じように名詞を修飾して，「～している」の意味を表す。
- 現在分詞が１語で名詞を修飾する場合は，名詞の前につける。
- 現在分詞が他の語句を伴う場合（２語以上の場合）は，名詞のあとにつける。

> I know the **sleeping** student.　（眠っている学生）
>
> I know the student **sleeping** on the bench.　（ベンチで眠っている学生）

4. 過去分詞の形容詞的用法

- 過去分詞も現在分詞と同じように名詞を修飾して，「～された」の意味を表す。
- 過去分詞が１語で名詞を修飾する場合は，名詞の前につける。
- 過去分詞が他の語句を伴う場合（２語以上の場合）は，名詞のあとにつける。

> He bought a **used** car.　（使用済みの［＝中古の］車）
>
> He bought a car **made** in Germany.　（ドイツで作られた［＝ドイツ製の］車）

正しい英語で表現しよう！

「～ではないのですか」と否定的にたずねる文を「否定疑問文」と言いますが，答える時に注意が必要です。日本語では「はい」「いいえ」の答え方は相手の質問の形に合わせて変えますが，英語の場合は相手の質問の形にかかわらず，自分の答えが肯定の内容なら Yes，否定の内容なら No を用います。Don’t you want that watch?（あの腕時計はほしくないの？）に対して，日本語ではほしい場合は「いいえ，ほしいです」と答えますが，英語では Yes, I want it. と答えます。

基本問題

1 次の各文の（　）内の語を適切な形に直しなさい。

1) This is the (wait) room. (　　　　)
2) She bought a (use) computer. (　　　　)
3) There is a (break) TV in my room. (　　　　)
4) Luke cooks (fry) potatoes every Saturday night. (　　　　)
5) I prefer (boil) eggs to scrambled eggs. (　　　　)

2（　）に適当な現在分詞または過去分詞を入れて，日本文に合う英文を完成させなさい。

1) これは 30 年位前に建てられた家です。
This is a house (　　　　) about 30 years ago.
2) スペイン語で書かれたこの本をどこで見つけたのですか。
Where did you find this book (　　　　) in Spanish?
3) ソファーの上で寝ている犬はデコピンです。
The dog (　　　　) on the sofa is Dekopin.
4) サングラスをかけているあの女性はだれですか。
Who is that woman (　　　　) sunglasses?
5) コピー機を修理している男性を知らないのですか。
Don't you know the man (　　　　) the copy machine?

3（　）に適当な動詞を下の囲みの中から選び，現在分詞か過去分詞に変化させて会話を完成させなさい。同じ単語を２回使わないこと。

1) Little Girl: Can I get this (　　　　) doll?
Father: Yes. I can get that for you.
2) Teacher: Who is that student (　　　　) on the desk?
Student: It's Akira. He works late every night.
3) Student 1: Here are some pictures (　　　　) in New York.
Student 2: Where was this one taken?
4) Friend 1: We are going to see the rising sun on January 1.
Friend 2: That's great. Are you staying at a hotel (　　　　) the ocean?
5) Foreigner: How do you make this cup ramen?
Japanese Person: You just add (　　　　) water.

sleep	boil	overlook	talk	take

発展問題

1 次の語句を並べかえて，日本文に合う英文を作りなさい。

1) 今演奏しているロックバンドは好きですか。
[now / rock band / like / you / playing / do / the]?

____

2) 鈴木教授と話をしている学生を知っていますか。
[Professor Suzuki / talking / do / student / know / the / you / to]?

____

3) その美術館にはピカソの絵［＝ピカソによって描かれた絵］がある。
[Picasso / art museum / picture / a / by / painted / the / has].

____

4) あの会社が作った自動車はあまり信用できない。
[that / made / cars / reliable / company / are / by / not / very].

____

2 (　　) に適語を入れて，日本文に合う英文を完成させなさい。(　　) の中には，最初の１文字または２文字がヒントとして示されているものもあります。

1) 日本を訪れる外国人の数は増えている。
The number of foreigners (v　　　　) (　　　　) is increasing.

2) 私には自動車工場で働いている兄がいる。
I have a (　　　　) (w　　　　) (　　　　) a car factory.

3) とちおとめは栃木県によって開発されたイチゴのブランドです。
Tochiotome is a strawberry brand (de　　　　) (b　　　　) the Tochigi prefectural government.

3 秀樹さんが大学の近くのアパートに引っ越すことになり，奈々さんが買い物を手伝っています。音声を聞いて，次の質問に対する答えを英語で書きなさい。

79

1) What does the sign on the shop say?

____

2) Why doesn’t Hideki want the clock made in England?

____

3) What is in the picture?

____

Unit 25 現在完了

80

Expressions

私は彼女と知り合って５年になる。	I **have known** her for five years.
私は今朝からずっと何も食べていない。	I **haven't eaten** anything since this morning.
彼は３歳の時から，ずっとピアノを弾いている。	He **has played** the piano since he was three.
私は今までずっと横浜に住んでいる。	I'**ve** always **lived** in Yokohama.
ちょうどお昼を食べたところです。	I'**ve** just **had** lunch.
もう夕食を作りました。	I'**ve** already **made** dinner.
田中さんは足を骨折してしまった。	Ms. Tanaka **has broken** her leg.
彼はまだ仕事を終えていない。	He **hasn't finished** his work yet.
リンダは来ていますか。	**Has** Linda **come**?
車が故障してしまった。［→今もまだ直っていない］	My car **has broken** down.
私は富士山に一度登ったことがある。	I'**ve climbed** Mt. Fuji once.
兄はタイに２回行ったことがある。	My brother **has been** to Thailand twice.
彼はライブコンサートに一度も行ったことがない。	He **has never been** to a live concert.
A: ボランティア活動をしたことはありますか。	**Have** you ever **done** any volunteer work?
B: はい。去年，地元の海岸を掃除しました。	Yes. I cleaned our local beach last year.
A: ケント夫妻はどれくらい日本に住んでいますか。	How long **have** Mr. and Mrs. Kent **lived** in Japan?
B: ここには 10 年以上住んでいると思います。	I think they **have lived** here for over 10 years.
A: 社長はもういらしていますか。	**Has** the president **come** yet?
B: はい，ちょうど到着されたところです。	Yes, he [she] **has** just **arrived**.
A: パスポートをなくしてしまいました。どうしたらよいでしょうか。	I'**ve lost** my passport. What should I do?
B: できるだけ早く大使館に行くべきです。	You should go to your embassy as soon as possible.
A: インターネットで何か買ったことはありますか。	**Have** you **bought** anything through the Internet?
B: はい。先月本を数冊買いました。	Yes. I bought some books last month.

81

Vocabulary

break down 〈車などが〉故障する　climb ~ ～に登る，登山する　Thailand タイ（◆東南アジアの国）　live 〈放送・演奏などが〉生の，ライブの（◆発音注意）　concert 音楽会，コンサート　volunteer ((形容詞的に用いて)) 自発的な，有志の　beach 浜辺，海岸　Mr. and Mrs. ~ ～夫妻　president 社長　lose 〈所持品などを〉なくす（◆lose-lost-lost と変化）　passport パスポート，旅券　embassy 大使館　as soon as possible できるだけ早く　through ~ ～を通じて，～によって（◆手段，媒介を表す）

解 説

1. 現在完了とは

現在完了は，現在に視点を置いて，それ以前に起きた動作や状態とのかかわりを述べる。

2. 現在完了の形

文の種類	文の主語	形
肯定文	I, you, 複数形	have ＋ 過去分詞
	3人称・単数	has ＋ 過去分詞
否定文	I, you, 複数形	have ＋ not ＋ 過去分詞
	3人称・単数	has ＋ not ＋ 過去分詞
疑問文	I, you, 複数形	Have ＋ 主語 ＋ 過去分詞 …?
	3人称・単数	Has ＋ 主語 ＋ 過去分詞 …?
疑問文への答え方	肯定の場合	Yes, I have. ／ Yes, he has. など
	否定の場合	No, I haven't. ／ No, he hasn't. など

3. 現在完了の4つの意味

① 継続	（今まで）ずっと～している ずっと～だ	I **have known** her for three years. （私は彼女と知り合って3年になる⬅私は彼女を3年間知っている）
② 完了	～してしまった （今）～したところだ	I **have** just **finished** my homework. （私はちょうど宿題を終えたところだ）
③ 結果	～してしまった（その結果現在は…だ） ～して今は…である	I **have lost** all my money. （私はお金を全部なくしてしまった） ［➡今お金がなくて困っている］
④ 経験	（今までに）～したことがある	I **have seen** that movie before. （私は以前，その映画を見たことがある）

※「②完了」と「③結果」はその区別が明確でない場合がある。
※ 状態ではなく，動作の継続には，＜have [has] ＋ been ＋ -ing＞の形の現在完了進行形を用いる。
How long **have** you **been waiting** here? （ここでどのくらい待ち続けているのですか）

4. 現在完了の文で使う語句

- 「継続」の文では，for ～（～の間）や since ～（～以来ずっと）などの副詞語句がよく使われる。since を接続詞として使う時は，その後に句ではなく文が続く。動詞は過去形になる。
- 「継続」の文で always（(今まで) ずっと）を使う場合は，have [has] と過去分詞の間におく。
- 「完了」の文では，already（すでに，もう），just（ちょうど）などの副詞語句がよく使われる。yet は否定文では「まだ（～しない)」，肯定の疑問文では「もう」の意味になり，ふつう文の終わりにおく。
- 「経験」の文では，before（以前に），once（1度），twice（2度），～ times（～度）などの副詞語句がよく使われる。これらは文の終わりにおくのがふつう。
- 「経験」の否定文では，not のほか，never（1度も～ない）をよく使う。疑問文では，ever（かつて）を使うことが多い。never や ever は have [has] と過去分詞の間におく。

基本問題

1 日本文に合うように，次の各文の（　　）内の語を適切な形に直しなさい。

1) 私は外国に一度も行ったことがない。

I have never (be) to a foreign country.　　(　　　　　　)

2) 琴羽はシンガポールへ行ってしまった。[→今はここにいない]

Kotowa has (go) to Singapore.　　(　　　　　　)

3) ペリーは先週から私に電話をかけてきていない。

Perry hasn't (call) me since last week.　　(　　　　　　)

4) 鯨を見たことはありますか。

Have you ever (see) a whale?　　(　　　　　　)

5) 我が家の犬が死んでしまった。

Our dog has just (die).　　(　　　　　　)

2（　　）内から適語を選び，会話を完成させなさい。

1) Man: Have we met before?

Woman: Yes, we (met, have met) last year at a party.

2) Son: I've lost my smartphone.

Father: Again? You always (lose, have lost) your phone!

3) Student 1: How (far, long) have you known Kurumi?

Student 2: We went to high school together, so for about four years.

4) Mother: Have you finished cleaning your room?

Daughter: No. I haven't started (already, yet).

5) Student 1: Where would you like to travel in the future?

Student 2: Well, I've (always, been) wanted to go to Egypt.

3（　　）に適語を入れて，日本文に合う英文を完成させなさい。

1) 私はその映画を３回見たことがある。

I have seen the movie (　　　　　　) (　　　　　　).

2) 彼女は生まれてからずっと神奈川に住んでいる。

She (　　　　　　) (　　　　　　) in Kanagawa (　　　　　　) she was born.

3) 皆様，当機はただ今，羽田空港に着陸いたしました（◆機内アナウンス)。

Dear passengers, we (　　　　　　) just (　　　　　　) at Haneda Airport.

発展問題

1 (　　) に入る適当な動詞を下の囲みの中から選び，現在分詞か過去分詞に変化させて会話を完成させなさい。同じ語を２回使わないこと。

1) Teacher: Have you ever (　　　　　　　) anyone famous?
Student: Yes. I have autographs of several famous soccer players.

2) Girlfriend: You haven't (　　　　　　　) me a birthday present yet!
Boyfriend: I'm sorry. I haven't had any money for several weeks.

3) Bus Rider 1: How long have you been (　　　　　　　) for the bus?
Bus Rider 2: About 15 minutes. These buses never run on time!

4) Friend 1: It's a good movie. You should go and see it.
Friend 2: Sounds good. I haven't (　　　　　　　) to the movies for a long time.

5) Student 1: Is it safe to turn off the computer now?
Student 2: Have you (　　　　　　　) all your work?

be	save	wait	buy	meet

2 次の語句を並べかえて，日本文に合う英文を作りなさい。

1) インターンシップ・プログラムに参加したことはありますか。
[internship / you / an / in / participated / have / program / ever]?

2) あなたがこれまでに直面した最も難しい課題は何ですか。
[most / you / challenge / faced / the / have / is / difficult / what]?

3) 発展途上国の人々のために何かしたことはありますか。
[the people / countries / done / you / anything / in / have / developing / for]?

3 真由美さんが授業後に，経営学の先生と話しています。音声を聞いて，次の質問に対する答えを英語で書きなさい。

82

1) How many times has Mayumi's teacher been to Thailand?

2) What has Mayumi's teacher just done?

3) How many years has Mayumi's teacher studied Thai?

本書の印税の一部は，能登半島地震復興支援金として石川県に寄付させていただきます。

Everyday English Grammar <Fourth Edition> [B-959]
大学生のためのコミュニケーション英文法〈改訂4版〉

1刷 2024年1月22日

著　者　水島　孝司　Koji Mizushima
ダンカン・バットランド　Duncan Butland
ロジャー・パティモア　Roger Pattimore

発行者　南雲　一範　Kazunori Nagumo
発行所　株式会社　南雲堂
〒162-0801　東京都新宿区山吹町361
NAN'UN-DO Co., Ltd.
361 Yamabuki-cho, Shinjuku-ku, Tokyo 162-0801, Japan
振替口座 : 00160-0-46863
TEL:　03-3268-2311（営業部:学校関係）
03-3268-2384（営業部:書店関係）
03-3268-2387（編集部）
FAX:　03-3269-2486
編集者　加藤　敦

組　版　柴崎　利恵

装　丁　Nスタジオ

検　印　省　略

コード　ISBN978-4-523-17959-7　C0082

Printed in Japan

E-mail : nanundo@post.email.ne.jp
URL : http://www.nanun-do.co.jp/